구원, 그 이후

구원, 그 이후

이승우 지음

그러므로 형제들아 내가 하나님의 모든 자비하
심으로 너희를 권하노니 너희 몸을 하나님이 기
뻐하시는 거룩한 산 제물로 드리라 이는 너희가
드릴 영적 예배니라 (로마서 12:1)

드림북

목차

프롤로그

구원 이후의 삶을 다루려면, 먼저 구원에 대한 정확한 이해가 선행되어야 합니다. 바울은 로마서 1~11장을 통해서 구원이 무엇인지, 어떻게 받을 수 있는지를 잘 설명하고 있습니다. 이 심오한 내용을 모두 살펴볼 수 없기에, 이 책에서는 구원에 대한 전반적인 이해를 먼저 확립하고자 합니다. 그리고 구원받은 성도가 어떻게 살아가야 하는지 함께 고민하고 살펴보게 될 것입니다.

1. 구원에 대한 몇 가지 오해

(1) 첫 번째 오해: 구원은 천국에서 누리는 미래적인 상태라는 생각

많은 신자가 구원을 단지 죽은 후에 가는 천국에서의 삶, 즉 미래에 주어질 약속 정도로만 생각합니다. 물론 구원은 우리가 영원한 생명을 얻고 하나님과 함께 천국에서 살아간다는 개념을 포함합니다. 하지만 유의해야 할 점이 있습니다. 구원은 사후 천국에서 완성되는 것이 맞지만 이것이 구원의 전부는 아니라는 점입니다. 구원에는 그리스도인이 얻는 현재적 은혜가 포함되어 있음을 놓쳐서는 안 됩니다. 이런 오해가 나오는 이유 중 하나는 '구원=천국'이라는 도식이 널리 퍼져 있기 때문입니다. 사람들은 흔히 천국을 죽음 이후에 가는 미래적 장소로만 인식하곤 합니다. 하지만 하나님 나라는 장소적 의미를 넘어서는 포괄적인 의미를 지닙니다. 즉, 하나님의 백성으로 살아가면서 하나님의 통치와 은혜를 누리는 삶을 의미하는 것입니다. 그렇기에 예수님은 하나님의 나라가 이미 우리에게 임했다고 선언하셨습니다.

> 그러나 내가 만일 하나님의 손을 힘입어 귀신을 쫓아낸다면 하나님의 나라가 이미 너희에게 임하였느니라 (누가복음 11:20)

> 또 여기 있다 저기 있다고도 못하리니 하나님의 나라는 너희 안에 있느니라 (누가복음 17:21)

예수님은 하나님 나라가 단순히 우리가 죽어서 가는 미래의 장소가 아니라는 점을 강조하셨습니다. 천국은 바로 지금, 여기에 임한 현실입니다. 하나님 나라가 너희 안에 있다는 주님의 말씀을 깊이 묵상해 봅시다. 그분은 하나님 나라가 눈에 보이는 어떤 물질적 왕국이 아니라, 예수님을 믿고 따르는 사람들 안에서 시작되는 영적인 통치임을 분명히 하십니다. 예수님을 통해 성령이 임하고, 그 성령 안에서 우리가 하나님을 아바 아버지라 부르며 살아갈 수 있게 된 것이 바로 하나님 나라의 현재적 실체입니다. 그리고 구원은 이 실체를 누리며 살아가는 삶입니다.

많은 신자들이 구원과 하나님 나라를 죽음 이후에 펼쳐질 막연한 미래의 일로만 생각합니다. 그러면서 현재의 삶에서 누릴 수 있는 풍성한 은혜와 평강을 쉽게 놓치곤 합니다. 지금 누릴 수 있는 은혜와 기쁨을 미래로 미뤄놓고 현재의 기쁨과 감격을 누리지 못한다면 어리석은 일이 아닐 수 없습니다. 우리가 예수 그리스도를 영접하는 순간, 우리는 이미 하나님 나라 백성이 되었습니다.

그렇다면 구원받은 신자가 현재 누릴 수 있는 은혜가 무엇입니까? 가장 근본적인 것은 과거의 죄책감과 정죄감에서 벗어나는 자유입니다. 그리고 죄의 문제가 해결되므로 하나님과 누리는 친밀한 관계입니다. 정죄와 세상적 가치관에서의 해방은 결국 세상이 줄 수 없는 평안과 기쁨을 누리게 합니다. 또한, 구원 받은 신자는 기도와 말씀을 통해 하나님과 교제하며 매일 그분의 사랑을 경험하게 됩니다. 그뿐만 아니라 성령의 인도하심과 능력을 경험하게 됩니다. 이제 신자는 삶의 모든 영역에서 성령님의 지혜와 능력을 의지하며 살아갈 수 있게 됩니다. 그리고 세상의 덧없는 것들을 좇는 대신, 하나님의 뜻을 따라 살아가며 삶의 참된 의미와 목적을 발견합니다. 만약 우리가 이러한 현재적 은혜를 충분히 누리지 못하고 있다면, 구원의 핵심을 놓치고 있는 것입니다. 하나님 나라는 미래의 막연한 소망이 아닙니다. 그것은 오늘 내가 살아가는 삶 속에서 경험하고 맛볼 수 있는 생생한 실재입니다.

구원을 미래적인 것으로만 여기면 어떤 문제가 발생하겠습니까? 현재 우리가 살아가는 이 땅에서의 삶, 우리의 행실, 그리고 세상 속에서의 그리스도인의 역할에 대한 중요성을 간과하기 쉽습니다. 지금 여기서 하나님의 뜻대로 사는 삶의 의미를 잃어버릴 수 있습니다. 구원이 단지 죽어서 천국에 가는 티켓이라고 생각하면 현재 신앙생활에서 경험해야 할 성장이나 성숙에 대한 열망이 약해질 수도 있습니다. 죄와의 싸움이나 거룩한 삶을 향한 노력도 덜 중요하게 느껴질 수 있습니다. 구원이 이 땅의 삶과 무관한 것처럼 느껴지면 세상 속에서 빛과 소금의 역할을 감당해야 하는 그리스도인의 사명을 잊어버리기 쉽습니다. 그뿐 아니라, 이러한 세상과 자신을 분리하려는 태도를 가질 수도 있습니다.

구원은 분명 미래적인 측면을 가지고 있지만, 동시에 현재 우리가 누리고 경험하는 현실이기도 합니다. 우리는 예수 그리스도를 믿는 순간 죄의 권세에서 해방되고, 하나님의 자녀가 되는 특권을 얻으며, 성령님의 인도하심을 받는 새로운 삶을 시작합니다. 그러므로 그리스도인이 구원을 죽음 이후에 얻는 미래적 측면에만 너무 치중하는 것은 바람직하지 않습니다.

(2) 두 번째 오해: 구원을 예수님을 믿고 받은 과거의 사건으로만 생각하는 것

두 번째 오해는 첫 번째 오해와 반대입니다. 구원을 과거의 사건으로만 생각하는 것입니다. 구원을 미래적인 것으로만 생각하는 것이 문제인 것처럼, 구원을 과거의 사건으로만 이해하는 것도 균형 잡힌 시각이 아닙니다.

신자들은 역사의 어느 시간, 한 시점에 구원을 얻게 됩니다. 하지만 이 구원은 어느 한 시점에 얻고 끝나는 것이 아닙니다. 이런 생각은 구원의 확신이라는 교리를 방패 삼아 더 이상 구원에 관해서는 생각해 보지도 않는 무관심한 태도를 불러옵니다. 물론 구원은 한번 얻으면 변개할 수 없는 확실한 하나님의 선물입니다. 하지만 구원은 한번 받은 것으로 완성되는 것이 아닙니다. 구원은 과정이기 때문입니다.

이 과정을 구원의 서정(Ordo Salutis)이라고 부릅니다. 구원의 서정은 하나님께서 선택하신 자들을 구원으로 이끌어 가시는 일련의 논리적인 순서입니다. 이는 시간적인 순서라기보다는, 구원의 다양한 측면들이 어떻게 유기적으로 연결되어 있는지를 설명하는 논리적이고 신학적인 개념입니다. 이 순서는 학자나 신학 전통에 따라 세부적인 순서나 명칭에 약간의 차이가 있을 수 있지만, 핵심적인 내용은 동일합니다. 간단하게 살펴보면 다음과 같습니다. 구원은 영원 전에 있었던 '하나님의 선택'입니다. 이 선택은 역사 속에서 하나님의 '부르심'으로 납니다. 이 부르심에 반응하면 '중생'하고 '믿음'을 갖고, '회개'하며 이에 따라 '칭의'를 얻고 '양자'의 자격을 얻게 됩니다. 보통 여기까지를 구원으로 생각하는데 구원은 성도의 '성화'와 '영화'의 단계까지 포함한다는 사실을 기억해야 합니다. 그리고 성화에서 영화로 나가는 과정에 하나님이 구원 얻은 성도를 끝까지 붙드시는 '성도의 견인'의 과정까지 있다는 것을 유념해야 합니다. 그러므로 구원을 단순히 과거의 사건으로만 생각해서는 안 됩니다. 지금, 이 글을 읽고 있는 성도들은 성화와 영화의 단계 사이에서 구원의 완성을 향해 달려가는 과정에 있습니다. 그래서 바울은 두렵고 떨림으로 구원을 이루라고 권면합니다.

> 그러므로 나의 사랑하는 자들아 너희가 나 있을 때뿐 아니라 더욱
> 지금 나 없을 때에도 항상 복종하여 두렵고 떨림으로 너희 구원을
> 이루라 (빌립보서 2:12)

구원은 분명 예수 그리스도를 믿는 과거의 결정적인 사건을 통해 시작됩니다. 이 사건을 통해 우리는 의롭다 칭함을 받고, 죄의 형벌로부터 구원받습니다. 그러나 구원은 거기서 멈추는 것이 아니라, 평생에 걸쳐 이루어지는 과정입니다. 우리는 성령님의 인도하심을 받아 날마다 죄를 멀리하고 예수님을 닮아가며 거룩해지는 성화의 삶을 살아갑니다. 그리고 이 모든 과정의 끝에, 우리의 몸이 부활하여 영광스러운 모습으로 변화되는 영화의 단계에 이르게 됩니다. 그러므로 구원은 아직 이 땅에서는 완성되지 않은 미완의 사건이며 미래적 사건을 포함합니다.

구원을 단편적인 과거의 사건으로만 생각하면 현재의 죄악된 삶에 대한 경각심이 무뎌질 수 있습니다. 혹은 "나는 이미 구원받았으니 어떻게 살아도 상관없다"는 식의 안일한 태도를 가질 수도 있습니다. 즉, 구원을 과거의 완료된 사건으로만 본다면, 영적인 성장에 대한 동기를 잃고 정체된 신앙생활을 하게 될 수 있습니다. 죄의 문제에 대한 나의 태도를 생각해 봅시다. 과거에 구원받았다고 해서 모든 죄로부터 자유로워지는 것은 아닙니다. 우리는 계속해서 죄와 싸우고 회개하며 하나님과의 관계를 점검해야 합니다. 하지만 구원을 과거의 사건으로만 보면 회개의 필요성을 잊기 쉽습니다. 혹시 구원을 과거의 사건으로만 여기고 있지는 않습니까?

(3) 세 번째 오해: 구원을 신앙의 기초 정도로만 생각하는 것

세 번째 오해는 구원을 신앙의 기초 정도로만 생각하는 것입니다. 어떤 신자들은 구원을 단지 신앙생활의 가장 기본적인 단계, 즉 예수를 믿고 교회에 출석하는 초보적인 수준으로만 생각합니다. 마치 학교생활에서 입학이 전부인 것처럼 생각하는 것과 같습니다. 그래서 구원 이후의 더 깊은 신앙의 영역이나 삶의 적용에는 관심이 적습니다. 구원은 신앙의 시작점이자 가장 중요한 기초입니다. 하지만 동시에 우리가 평생을 통해 심화하고 확장해 나가야 할 놀라운 하나님의 은혜이기도 합니다.

구원은 우리를 그리스도 안에서 새로운 피조물로 만들고, 하나님의 자녀라는 새 정체성을 부여합니다. 이는 우리가 세상 속에서 하나님의 사랑을 실천하고, 복음을 증거하며, 하나님의 나라를 세워가는 모든 활동의 근거가 됩니다. 즉, 구원은 우리 삶의 전반에 걸쳐 지속적으로 영향을 미치는 능동적이고 살아있는 진리입니다.

구원은 단순히 과거의 사건이나 미래의 약속이 아닙니다. 구원은 예수 그리스도를 통해 우리가 과거에 얻었고, 현재 누리며, 미래에 완성될 하나님의 놀라운 은혜의 선물입니다. 그러므로 구원에 대한 올바른 이해는 매우 중요합니다. 이를 통해 우리는 날마다 하나님과의 관계 속에서 성장하고, 세상 속에서 그리스도인의 빛과 소금의 역할을 감당하며, 온전한 삶을 살아갈 수 있기 때문입니다.

2. 출애굽을 통한 구원 이해

구원은 한순간에 받는 것이기도 하지만 꾸준하게 이뤄가야 하는 과정이기도 합니다. 이런 부분을 출애굽 사건을 통해서 확인해 봅시다.

(1) 유월절

좁은 의미에서 보자면, 구원은 유월절 사건을 통해 쉽게 이해할 수 있습니다. 이스라엘 백성은 약 430년간 이집트에서 종살이하며 바로의 압제에 시달렸습니다. 하나님께서는 모세를 통해 바로에게 여러 차례 이스라엘을 놓아주라고 경고하셨지만, 그는 완악하게 거절했습니다. 이에 하나님께서는 이집트에 열 가지 재앙을 내리십니다. 유월절의 기원이 되는 장자의 죽음은 그중 마지막 재앙입니다. 이 재앙은 이집트의 모든 맏아들과 가축의 첫 새끼가 죽임을 당하는 무서운 심판이었습니다. 이 재앙으로 이집트의 모든 맏아들과 가축의 첫 새끼가 죽임을 당하게 되었습니다. 이는 죄와 불순종, 불신에 대한 궁극적인 대가가 '사망'임을 명확히 보여주는 사건이었습니다. 결국 모든 장자의 죽음은 이스라엘 백성이 이집트를 탈출하게 된 결정적인 계기가 됩니다.

하나님께서는 이 끔찍한 마지막 재앙에서 이스라엘 백성을 구원하시기 위해 특별한 지시를 내리셨습니다. 각 가정은 흠 없는 일 년 된 숫양을 잡아야 했습니다. 이 양은 죄 없는 순결한 존재를 상징합니다. 그리고 양의 피를 문 인방과 좌우 설주(문설주)에 바르도록 명령하셨습니다. 양고기는 불에 구워 누룩 없는 빵(무교병)과 쓴 나물과 함께 먹어야 했습니다. 이는 급히 떠날 준비를 하는 모습이자, 고난 속에서 대속의 은혜를 기억하는 행위이기도 했습니다. 심판의 밤에 여호와의 사자가 이집트 전역을 지나가며 처음 난 모든 것을 죽일 때, 문설주에 어린양의 피가 발라져 있는 집은 '지나가셨습니다(Pass Over)'. 이 어린양의 피는 예수 그리스도의 대속의 죽음을 상징합니다. 그리스도를 믿는 자는 그 피로 하나님의 심판을 피하는 은혜를 얻게 됩니다.

유월절을 통해 구원의 의미를 생각해 볼 때 다음과 같은 특징을 확인할 수 있습니다. 첫째, 죽음과 심판으로부터의 구원입니다. 이는 구원의 가장 기본적인 의미입니다. 하나님은 어린양의 피를 통해 이스라엘 백성이 하나님의 심판인 죽음의 재앙에서 벗어나 생명을 보존하게 하셨습니다. 둘째, 대속의 의미가 있습니다. 흠 없는 어린양이 피를 흘려 죽음으로써 이스라엘 백성의 죄를 대속하고 그들을 보호했습니다. 이는 죄 없는 존재의 희생을 통해 죄 있는 자가 구원받는다는 대속의 원리를 보여줍니다. 셋째, 속박으로부터의 구원입니다. 장자 재앙으로 인해 바로는 마침내 이스라엘 백성을 놓아주었습니다. 이로써 그들은 430년간의 노예 생활을 청산하고 자유를 얻게 되었습니다.

이처럼 유월절은 우리의 구원을 상징적으로 잘 보여주는 중요한 사건입니다. 하지만 좀 더 넓은 의미에서 본다면 어떨까요? 이스라엘의 구원은 유월절만으로 완성되지 않았습니다. 이스라엘의 구원은 아브라함의 언약으로부터 시작되어 모세를 통한 출애굽의 사건으로 이어집니다. 성경의 전체적인 흐름을 살펴보았을 때, 이집트 탈출은 이스라엘 구원의 새로운 시작점일 뿐입니다. 탈출 이후 이스라엘은 이집트를 떠나 더 많은 우여곡절을 겪게 됩니다. 다시 말해, 이스라엘의 해방(구원)은 출애굽에서 홍해를 건너 광야의 생활을 지나 가나안의 입성까지 이어지는 긴 과정입니다.

(2) 홍해

이스라엘 백성들은 이집트에서 탈출하면 마냥 자유롭고 행복한 삶이 기다릴 줄로 기대했을 것입니다. 그러나 출애굽한 이스라엘에는 아직 가야 할 긴 여정이 남아 있었습니다. 이집트 탈출 직후 이스라엘은 홍해라는 큰 장벽을 만나게 됩니다. 사실 하나님은 의도적으로 이스라엘을 홍해로 인도하셨습니다. 강력한 이집트의 군대가 완전히 수장되는 것을 보면서 이스라엘이 하나님의 크심을 경험하고 깨닫게 하려는 하나님의 계획이었습니다.

이러한 하나님의 계획 앞에 이스라엘 백성들의 반응은 어떠했습니까? 안타깝게도 그들은 홍해 앞에서 두려움에 떨었습니다. 뒤에서는 이집트 군대가 쫓아오고 있었고, 앞에는 거대한 바다가 가로막고 있었기 때문입니다. 하지만 모세는 백성을 안심시키며 하나님께서 그들을 위해 싸우실 것이라고 선포했습니다. 홍해는 갈라졌고 바닷물은 마른 땅이 되었습니다. 이스라엘 백성은 마른 땅을 밟고 홍해를 건넜지만, 뒤쫓아 오던 이집트 군대는 다시 합쳐진 바닷물에 수장되었습니다.

이스라엘 백성이 홍해를 건넌 사건은 이집트에서의 노예 생활, 즉 죄와 억압으로 가득했던 옛 삶과의 완전한 단절을 의미합니다. 추격하던 이집트 군대는 홍해에서 수장되었고 이스라엘은 더 이상 파라오의 지배를 받지 않게 되었습니다. 하나님은 그들의 과거를 완전히 지워버리셨습니다. 이는 옛 자아가 죽고 다시는 이전의 삶으로 돌아갈 수 없음을 상징합니다. 그래서 성경은 홍해의 사건을 세례로 설명합니다.

1 형제들아 나는 너희가 알지 못하기를 원하지 아니하노니 우리 조상들이 다 구름 아래에 있고 바다 가운데로 지나며 2 모세에게 속하여 다 구름과 바다에서 세례를 받고 (고린도전서 10:1~2)

세례는 우리가 죄로 물든 옛 자아에 대해 죽고, 죄의 권세로부터 단절되는 것을 상징합니다. 물에 잠기는 행위를 통해 우리의 옛사람이 그리스도와 함께 죽고 장사 되었음을 보여줍니다. 이처럼, 세례는 과거와의 단절과 새로운 생명의 시작을 의미하는 상징적 예식입니다.

홍해를 건넌 이스라엘 백성은 이제 하나님의 인도 아래 새로운 광야 여정을 시작합니다. 하나님의 백성으로서의 정체성을 얻게 된 것입니다. 그들은 죽음의 위협에서 벗어나 새로운 삶, 즉 약속의 땅을 향한 여정에 나섭니다. 홍해를 건넌 이스라엘 백성은 비로소 하나님과의 언약 관계 안에 공식적으로 편입된 공동체가 됩니다. 이 사건 이후 그들은 하나님의 율법을 받고, 성막을 통해 하나님과 교제하며, 약속의 땅을 향해 나아가는 특별한 백성이 됩니다.

하지만 여러 어려움을 겪으면서 이스라엘 백성들의 정체성은 자주 흔들립니다. 그들은 과거 이집트 노예 생활을 추억하고 그리워할 뿐 아니라, 이집트로 돌아가겠다는 망언도 서슴지 않았습니다. 구원은 돌이킬 수 없습니다. 그런데도 그들은 여전히 구원의 감격과 기쁨을 누리지 못했습니다. 또, 성도의 삶을 이끄시고 보호하시는 하나님을 제대로 신뢰하지 않았으며, 구원 이전의 삶으로 돌아가고자 했습니다. 이 얼마나 어리석은 모습입니까?

> 11 그들이 또 모세에게 이르되 애굽에 매장지가 없어서 당신이 우리를 이끌어 내어 이 광야에서 죽게 하느냐 어찌하여 당신이 우리를 애굽에서 이끌어 내어 우리에게 이같이 하느냐 12 우리가 애굽에서 당신에게 이른 말이 이것이 아니냐 이르기를 우리를 버려두라 우리가 애굽 사람을 섬길 것이라 하지 아니하더냐 애굽 사람을 섬기는 것이 광야에서 죽는 것보다 낫겠노라 (출애굽기 14:11-12)

> 2 이스라엘 자손 온 회중이 그 광야에서 모세와 아론을 원망하여 3 이스라엘 자손이 그들에게 이르되 우리가 애굽 땅에서 고기 가마 곁에 앉아 있던 때와 떡을 배불리 먹던 때에 여호와의 손에 죽었더라면 좋았을 것을 너희가 이 광야로 우리를 인도해 내어 이 온 회중이 주려 죽게 하는도다 (출애굽기 16:2~3)

하나님의 은혜를 받은 하나님의 백성은 구원 이전의 삶을 그리워해서는 안 됩니다. 비록 어려움이 있더라도 끝까지 하나님과 동행해야 할 것입니다. 어떠한 고난과 어려움 가운데서도 두려워하거나 낙심하지 말고 우리를 이끄시는 하나님을 신뢰하며 그분의 길을 따라가야 합니다. 그리고 그 길 끝에 있는 구원의 완성을 향해 묵묵히 달려가야 합니다.

(3) 광야 생활과 율법

홍해를 건넌 이스라엘 백성은 곧바로 약속의 땅으로 들어가지 못합니다. 그들은 40년간 광야에서 생활해야 했습니다. 3개월 정도면 충분했을 광야 여정이 이스라엘의 불신으로 40년으로 늘어나게 되었지만, 광야 생활에 담긴 의미는 크게 변하지 않습니다. 광야는 고난과 시험의 장소였습니다. 동시에 그곳은 하나님께서 만나와 메추라기를 주시고, 반석에서 물을 내시며, 불기둥과 구름기둥으로 인도하시는 은혜의 장소이자 철저한 훈련의 장소이기도 했습니다. 또한 광야 40년은 시내산에서 율법을 받으며 하나님의 백성으로서 살아갈 기준을 배우는 성장의 시간이었습니다.

무엇보다도 시내산에서 율법을 받은 사건은 매우 중요합니다. 율법은 단순히 지켜야 할 규칙이나 명령이 아니었습니다. 율법은 곧 하나님의 백성으로 살아갈 수 있는 길을 알려주는 내비게이션과도 같았습니다. 율법은 하나님의 거룩한 성품을 반영하고 있습니다. 그러므로 이스라엘 백성은 어떻게 하나님을 사랑하고 이웃을 사랑해야 하는지 율법을 통해 배울 수 있었습니다. 또한, 세상의 다른 민족들과 구별되어 하나님의 특별한 백성으로서의 정체성을 확립할 수 있었습니다. 율법은 그들에게 질서 있는 사회를 구축하고, 의로운 삶을 살아가며, 무엇보다도 거룩하신 하나님께 나아가는 길을 제시하는 하나님의 방편이었습니다.

광야라는 훈련의 시간 속에서 이스라엘은 하나님 한 분만을 의지하는 법을 배웠습니다. 인간적인 방법이나 이집트에서 익숙했던 우상 숭배의 유혹을 버리고, 오직 하나님의 공급과 인도하심만을 신뢰해야 했습니다. 이는 마치 불순물을 제거하고 순수한 금을 얻는 제련 과정과 같았습니다. 때로 이스라엘 백성은 불평하고 하나님을 원망했습니다. 하지만 동시에 그들은 하나님의 인내와 신실하심을 경험하며 그분과의 관계가 더욱 견고해지는 것을 경험했습니다. 이 모든 과정은 약속의 땅으로 들어가기 위한 필수적인 준비 단계였으며, 그들을 영적으로 성숙시키는 중요한 여정이었습니다.

이렇듯 출애굽은 유월절이라는 사건으로 단번에 완성되는 것이 아닙니다. 이스라엘은 광야 길을 걸어가며 '불기둥과 구름기둥'의 보호와 '반석의 물'과 '만나'로 먹이시는 하나님의 은혜를 경험하면서 훈련받고 성장해야 했습니다. 우리의 삶 또한 마찬가지입니다. 이 땅에서의 삶은 여전히 죄의 유혹과 세상의 어려움이 있는 '영적 광야'와 같습니다. 이 과정에서 우리는 성령님의 인도하심을 받으며, 하나님의 말씀(율법과 교훈)을 통해 의의 길을 배웁니다. 우리의 믿음은 시험을 통해 연단되고, 이를 통해 하나님과의 관계는 더욱 깊어지게 됩니다. 이 시기는 우리 안에 있는 옛 습관과 죄성을 벗어내고 하나님의 형상을 닮아가는 성화의 과정입니다. 그러므로 성화의 과정은 하나님을 더 깊이 알아가는 귀한 시간입니다. 광야는 반드시 거쳐야 하는 기쁨과 행복의 시간입니다.

(4) 가나안 정복

40년의 광야 생활 이후, 이스라엘 백성은 어떻게 되었을까요? 모두가 알듯이 그들은 여호수아의 인도 아래 요단강을 건너 약속의 땅 가나안으로 들어갔습니다. 그곳에는 이미 강력한 원주민들이 살고 있었습니다. 하지만 이스라엘은 하나님의 명령에 따라 전투를 벌이며 그 땅을 정복해 나갑니다. 이는 약속된 유업을 취하는 과정입니다.

하나님은 이스라엘에게 가나안 땅을 약속하셨습니다. 하지만, 그들이 단순히 발을 들여놓는 것만으로 약속이 온전히 성취된 것은 아니었습니다. 그곳에는 이미 강력한 거주민들(가나안 족속)이 있었고, 이스라엘은 하나님의 명령과 약속을 붙잡고 싸워야만 그 땅을 차지할 수 있었습니다.

가나안은 성화의 과정을 거친 성도들이 최종적으로 맞이할 영원한 하나님 나라, 즉 천국에 들어가는 것에 비유될 수 있습니다. 우리가 이 땅에서의 삶을 마치고 주님께 돌아갈 때, 우리는 영원한 안식과 약속된 유업을 누리게 됩니다. 그러나 우리는 이 땅에서 끊임없이 싸워야만 합니다. 믿음 안에서 치열한 영적인 싸움을 벌이며, 세상의 악한 영들과 죄에 맞서 싸워 하나님의 나라를 확장해 나가야 할 것입니다. 우리는 예수 그리스도를 믿음으로 이미 영원한 생명과 하나님 나라의 시민권을 얻었습니다. 그러나 이 땅에서의 삶은 여전히 죄와 사탄의 유혹, 세상의 악한 문화가 존재하는 '영적 가나안'과 같습니다. 우리에게는 영적으로 싸워야 할 대상들이 분명히 존재합니다. 이는 단순히 구원받았다고 해서 모든 어려움이 사라지는 것이 아니라는 뜻입니다. 우리의 신앙생활은 전혀 단순하지 않습니다. 그것은 이 땅에서 하나님의 뜻대로 살아가기 위해 끊임없이 죄와 싸우고, 세상의 가치를 거부하며, 사탄의 공격에 맞서는 치열한 과정입니다.

이스라엘은 이 싸움에서 인간적인 전략이 아닌, 하나님의 명령에 순종하는 믿음으로 맞섰습니다. 그들이 여리고 성을 믿음으로 무너뜨렸을 때를 기억해 보십시오. 때로는 패배하기도 했지만, 회개하고 다시 하나님의 도우심을 구할 때 그들은 승리할 수 있었습니다. 이 전쟁은 인간의 능력으로 하는 것이 아니라 하나님의 권능으로 수행되는 영적 전쟁이었습니다.

우리의 영적 싸움도 마찬가지입니다. 우리는 우리의 의지나 능력만으로 죄를 이기거나 세상의 유혹을 물리칠 수 없습니다. 오직 예수 그리스도를 향한 믿음과 성령의 능력으로만 승리할 수 있습니다. 에베소서 6장에서 말하는 "하나님의 전신갑주"를 입고, 기도로 무장하며, 말씀으로 싸우는 것이 바로 우리의 영적 가나안 정복 과정입니다. 이 싸움은 우리가 이 땅에서 거룩함을 이루어 가는 성화의 과정과도 밀접하게 연결됩니다.

(5) 가나안 정착

모든 전쟁이 끝난 후 이스라엘은 어떻게 되었을까요? 그들은 각 지파별로 땅을 분배받고, 약속의 땅에서 비로소 안식과 번영을 누릴 수 있게 됩니다. 이는 하나님이 약속하신 유업을 최종적으로 취하는 모습입니다. 가나안 땅에 정착하여 하나님께서 약속하신 평화와 풍요를 누리는 시기입니다.

이스라엘 백성은 가나안 땅에 정착해서야 비로소 영원한 안식과 번영을 누릴 수 있었습니다. 우리의 여정 또한 마찬가지입니다. 우리의 궁극적인 목적지는 바로 '영원한 가나안', 즉 하나님의 나라입니다. 우리가 이 땅에서의 영적 싸움을 마치고 육신의 죽음을 맞이하거나 예수님의 재림이 임할 때, 이 영원한 안식처에 들어가게 됩니다. 그곳에서는 모든 죄와 고통, 그리고 싸움이 완전히 사라집니다. 그때 우리는 비로소 하나님이 약속하신 완전한 안식과 영원한 유업을 누리게 될 것입니다.

하나님 나라에서 우리는 영원히 하나님과 함께 거할 것입니다. 사랑하는 그분과 늘 동행하며, 성경의 약속대로 모든 눈물이 사라지고 고통이 없는 완전한 평화와 기쁨을 맛보게 될 것입니다. 우리는 그때에야 비로소 온전히 하나님의 통치를 받으며, 그분 안에서 영원한 안식을 누리게 됩니다. 이처럼 가나안 정착은 단순한 역사적 사건이 아닙니다. 그것은 우리가 바라는 궁극적 구원의 완성과 하나님 나라에서의 영원한 삶을 예표합니다.

그렇다고 해서 가나안이 천국을 모두 대변해 주지는 않습니다. 이스라엘 백성은 가나안을 완벽하게 정복하지 못했습니다. 하나님께서 명하신 대로 모든 가나안 족속을 몰아내지 못하고, 여러 잔여 세력을 남겨 두었습니다. 이것은 결국 이스라엘에게 끊임없는 유혹과 어려움의 원인이 되었고, 젖과 꿀이 흐르는 낙원으로 묘사되었던 가나안에서 그들이 누려야 할 완전한 안식과 평안을 제대로 얻지 못하는 결과를 초래했습니다. 결국, 가나안은 정복의 완성된 모습이라기보다는, 다시 회복해야 할 땅이 되어버린 셈입니다.

이러한 측면에서 가나안 정착은 우리의 구원 여정을 비유적으로, 그리고 상징적으로 보여주는 사건이라고 할 수 있습니다. 이 땅에 속한 가나안은 이스라엘 백성에게 완벽한 안식을 제공하지 못했습니다. 마찬가지로 우리 현재의 삶 역시 완성된 천국이 아님을 기억해야 합니다. 우리는 여전히 죄와 싸우고, 세상의 어려움을 겪으며, 불완전함 속에서 살아갑니다.

따라서 우리는 이 땅에서의 불완전한 가나안을 넘어서, 새 하늘과 새 땅이라는 궁극적인 약속의 땅을 소망해야 합니다. 이스라엘이 불완전하게 정복했던 가나안은 그들의 최종 목적지가 아니었습니다. 우리의 영적 여정 또한 마찬가지입니다. 우리의 마지막 지점은 이 세상의 어떤 것도 아닌, 바로 하나님께서 친히 통치하시는 새 하늘과 새 땅입니다. 그곳에서 비로소 모든 죄와 고통에서 완전히 해방되고, 영원한 의와 평화를 누리게 될 것입니다. 이는 하나님의 구원 계획의 최종적인 완성점이며, 우리가 바라보고 나아가야 할 궁극적인 가나안, 즉 완벽한 안식과 유업의 장소입니다. 이 소망은 우리의 현재 '영적 광야'를 살아가는 힘이 됩니다. 또한, 하나님이 통치하시는 새 하늘과 새 땅만이 우리가 진정으로 갈망해야 할 영원한 본향임을 깨닫게 합니다.

3. 구원의 핵심은 관계 회복

많은 사람이 구원을 이야기할 때 천국에 가는 것이나 영생을 먼저 떠올립니다. 혹은 구원을 단순히 죽음 이후에 주어지는 보상으로만 이해하기도 합니다. 물론 이러한 개념들이 구원의 한 측면인 것은 분명합니다. 하지만 이러한 이해에만 머무른다면 정말 중요한 것을 놓칠 수도 있습니다. 바로 하나님과 우리 사이의 관계 문제입니다. 구원을 얕은 개념으로 이해할 때, 우리는 하나님을 그저 구원이라는 보상을 주신 고마운 분으로만 여길 수도 있습니다. 그러나 구원의 가장 본질적인 의미는 바로 하나님과의 관계 회복입니다. 진정한 구원은 죽음 이후의 삶뿐만 아니라, 지금 여기에서 하나님과 친밀하게 동행하는 삶을 포함하기 때문입니다.

인간에게 구원이 필요하게 된 이유가 무엇입니까? 죄 때문입니다. 그렇다면 죄는 어떤 문제를 초래했습니까? 죄가 가져온 문제는 무엇입니까? 구원은 죄가 가져온 문제를 해결하는 것이므로 죄가 초래한 문제에 집중하면 구원의 핵심을 파악할 수 있게 될 것입니다.

아담과 하와가 죄를 지었을 때 발생한 문제는 사망이었습니다. 하나님은 선악과를 먹는 날에는 반드시 죽는다고 경고하셨습니다.

> 선악을 알게 하는 나무의 열매는 먹지 말라 네가 먹는 날에는 반드시 죽으리라 하시니라 (창세기 2:17)

그렇다면 사망은 무엇입니까? 사망은 단순한 육체의 죽음을 의미하지 않습니다. 사망은 하나님으로부터 오는 자원을 얻지 못한 결과 얻어지는 죽음입니다. 생명의 근원인 하나님과의 단절이 바로 사망입니다. 죄는 하나님과의 단절을 가져왔고, 인간은 영적으로 죽은 상태가 되었습니다. 이렇게 죄는 하나님과 우리 사이를 갈라놓았습니다.

> 오직 너희 죄악이 너희와 너희 하나님 사이를 갈라 놓았고 너희 죄가 그의 얼굴을 가리어서 너희에게서 듣지 않으시게 함이니라 (이사야 59:2)

> 모든 사람이 죄를 범하였으매 하나님의 영광에 이르지 못하더니 (로마서 3:23)

아담과 하와가 죄를 지었을 때, 인간과 하나님의 친밀한 관계는 깨어졌고, 그들은 에덴동산에서 쫓겨났습니다. 구원은 바로 이 깨어진 관계를 회복하여 다시 하나님과 화목하게 되는 것입니다. 이 화목을 얻기 위해서는 죄의 문제가 반드시 해결되어야 했습니다. 그러나 하나님과의 단절로 인해 하늘 자원을 공급받지 못한 인간은 스스로 죄의 문제를 해결할 수 없었습니다. 이런 인간을 위해 하나님은 자신의 독생자를 통해 인류의 죄 문제를 해결해 주셨습니다. 예수 그리스도께서 십자가에 못 박혀 죽으심으로 우리의 죄를 대속하셨고, 이를 통해 하나님과의 관계를 회복할 길을 열어주셨습니다. 우리가 예수님을 믿고 죄를 회개할 때, 하나님은 우리를 의롭다고 여기시고 다시 자녀로 받아주십니다. 이로써 우리는 하나님과 다시 친밀한 관계를 맺고 동행할 수 있게 됩니다.

우리가 흔히 말하는 영생이란 단순히 육체적으로 영원히 사는 것을 넘어서는 것입니다. 영생은 바로 하나님을 아는 삶입니다. 요한복음 17장 3절은 이를 명확히 정의합니다.

영생은 곧 유일하신 참 하나님과 그가 보내신 자 예수 그리스도를 아는 것이니라 (요한복음 17:3)

'안다'는 의미는 단순한 지식을 말하는 것이 아닙니다. 관계 속에서 대상을 경험적으로 아는 것입니다. 즉 영생은 하나님과의 관계 속에서 그분을 경험하고 그분과 교제하는 것입니다. 그러므로 구원은 단순히 미래의 어떤 상태가 아닙니다. 지금부터 하나님과 동행하며 그분을 알아가는 살아있는 관계를 시작하는 것입니다. 즉 구원은 죄로 인해 단절되었던 하나님과의 친밀한 관계를 회복하고, 그 관계 속에서 영원한 삶을 누리는 것입니다.

우리는 구원의 핵심이 하나님과의 관계에 있다는 사실을 결코 놓쳐서는 안 됩니다. 이 중요한 사실을 간과할 때, 구원을 단지 천국에 들어갈 수 있는 특권 정도로만 생각하는 오류를 범하게 됩니다. 이러한 잘못된 이해는 세상적인 상급론이나 천국을 물질적인 대상으로 여기는 등의 오해로 이어지기 쉽습니다. 결국 이러한 오해는 신앙생활의 가장 본질적인 의미와 가치를 흐리게 만들 수 있습니다. 구원을 단순히 미래의 보상이라는 관점으로 생각하면 현재 우리의 삶에서 하나님과의 깊고 인격적인 교제는 뒷전으로 밀려나기 쉽습니다. 따라서 우리는 구원의 참된 의미, 즉 죄로 인해 깨어진 하나님과의 '관계 회복'이라는 핵심에 주목해야 합니다. 진정한 구원은 죽음 이후의 삶뿐만 아니라, 지금 여기에서 하나님과 친밀하게 동행하는 삶을 포함하기 때문입니다.

4. 구원 그 이후

구원은 단지 인생의 한 시점에서 얻고 끝나는 사건이 아닙니다. 구원은 신자가 하나님과 동행하며 이뤄가야 할 평생의 여정입니다. 그런 의미에서 저자는 이 책에서 그 여정을 걷고 있는 신자들과 함께 고민하고자 합니다. 신자는 칭의를 얻어 하나님의 백성이 된 이후, 어떤 삶을 통해 그 구원을 온전히 이뤄가야 할까요? 앞서 살펴보았던 구원에 대한 오해들을 극복하는 것을 시작으로 우리 모두가 아름다운 성화의 삶을 살아가기를 소망합니다.

이를 위해 우리는 사도 바울이 그토록 극복하고자 했던 율법주의적인 한계에 주목해야 합니다. 이러한 율법주의는 비단 과거의 문제가 아니라, 오늘날 우리의 신앙생활에도 자주 발견되는 문제이기 때문입니다. 우리는 종종 선한 행위나 인간적인 노력으로 하나님의 인정을 받으려 하거나, 구원을 유지하려 하는 유혹에 빠지곤 합니다. 하지만 진정한 구원의 삶은 우리의 노력이나 행위가 아닌, 오직 하나님의 은혜를 기반으로 해야 합니다. 그러므로 신자는 율법주의라는 함정에 빠지지 않도록 늘 유의해야 합니다. 그렇다면 어떻게 해야 인간적인 행위를 뛰어넘어 하나님의 은혜를 온전히 신뢰하며 살아갈 수 있을까요?

이 중요한 질문에 대한 답을 우리는 이미 가지고 있습니다. 로마서 12장 1, 2절을 깊이 있게 묵상해 보십시오. 이 말씀은 우리의 영적 여정에 있어 나침반과 같은 역할을 합니다.

> 1그러므로 형제들아 내가 하나님의 모든 자비하심으로 너희를 권하노니 너희 몸을 하나님이 기뻐하시는 거룩한 산 제물로 드리라 이는 너희가 드릴 영적 예배니라 2너희는 이 세대를 본받지 말고 오직 마음을 새롭게 함으로 변화를 받아 하나님의 선하시고 기뻐하시고 온전하신 뜻이 무엇인지 분별하도록 하라 (로마서 12:1-2)

이 구절들은 우리에게 새로운 삶의 방식을 제시합니다. 여기서 삶의 방식이란 단순히 교리적으로 구원을 이해하는 것을 넘어, 우리의 삶 전체를 통해 하나님을 예배하고 그분의 뜻을 따르는 구체적인 것을 말합니다. '이 세대를 본받지 말라'는 경고는 세상의 가치관과 흐름에 휩쓸리지 않고, 그리스도인으로서의 분별력을 가지라는 강력한 촉구입니다. '마음을 새롭게 함으로 변화를 받아'라는 구절은 어떨까요? 이 구절은 우리의 내면이 지속적으로 갱신되어야 함을 강조하고 있습니다. 이를 통해 우리는 '하나님의 선하시고 기뻐하시고 온전하신 뜻'을 명확히 분별할 수 있게 됩니다.

이 말씀을 통해 우리는 새로운 깨달음을 얻을 수 있습니다. 우리의 구원이 추상적인 교리나 단편적인 사건이 아니라, 하나님과의 살아 움직이는 친밀한 관계 속에서 날마다 완성되어 가는 여정이라는 사실입니다. 이 구절의 가르침을 따라 살아갈 때, 우리의 삶이 진정으로 변화되고, 하나님께서 약속하신 풍성한 은혜를 경험하며 아름다운 성화의 길을 걸어갈 수 있다고 확신합니다.

제1장 깊도다

●

깊도다 하나님의 지혜와 지식의 풍성함이여, 그의 판단
은 헤아리지 못할 것이며 그의 길은 찾지 못할 것이로다

(로마서 11:33)

로마서는 크게 두 부분으로 나눌 수 있습니다. 전반부는 1장부터
11장까지입니다. 이 부분은 하나님께서 인류를 어떻게 구원하시
는가에 대한 전반적인 설명을 담고 있습니다. 쉽게 말해 구원에 대
한 교리적인 설명이라고 할 수 있습니다. 후반부는 12장부터 16장
까지입니다. 이 부분에서는 구원받은 성도가 어떻게 살아야 하는
가에 대한 실제적인 삶의 지침을 제시합니다. 전반부에서 믿음의
중요성을 강조하고, 바로 뒤를 이어 후반부에서 은혜를 근거로 한

삶의 모습을 다루고 있습니다.

이러한 큰 흐름 속에서 우리가 반드시 주목해야 할 부분이 있습니다. 바로 11장 후반부, 특히 33절부터 36절에 나오는 바울의 감격적인 찬양입니다. 바울은 자신이 논증해 온 하나님의 위대한 구원 사역에 스스로 압도되어 하나님을 찬양하고 있습니다. 이 찬양은 단순히 교리적인 설명을 마무리하는 것을 넘어, 12장부터 이어지는 오직 은혜로 구원받은 그리스도인의 삶을 만들어 내는 핵심 원동력이 됩니다.

바울의 찬양은 구원 이후의 삶이 단순히 율법을 의지한 행위가 아니라, 믿음의 감격이 만들어 낸 자발적인 행위라는 반증입니다. 따라서 성도가 마땅히 살아야 할 삶의 모습을 다루기 전에, 11장 33~36절에 담긴 바울의 찬양과 그 의미를 깊이 이해하는 것이 매우 중요합니다. 이 구절들은 우리가 받은 구원이 얼마나 놀라운 은혜인지를 다시금 깨닫게 해줍니다. 또한, 그 은혜에 대한 감격이 우리의 삶을 어떻게 변화시키고 이끌어가는지를 보여주는 출발점이 되기도 합니다.

1. 자연스럽게 고백되는 찬양

바울은 로마서에서 이스라엘과 이방인 모두를 향한 하나님의 놀라운 구원 계획을 심도 깊게 설명했습니다. 그리고 그 장대한 구원 사역의 논증 끝에, 그는 그 위대한 계획을 펼치신 하나님을 향한 감격적인 찬양을 터뜨립니다. 로마서 11장 33절은 그 찬양의 시작을 알리는 구절입니다. 바울은 이렇게 선포합니다.

깊도다 하나님의 지혜와 지식의 풍성함이여, 그의 판단은 헤아리지 못할 것이며 그의 길은 찾지 못할 것이로다 (33절)

바울의 이 찬양은 단순히 설교의 끝을 장식하는 형식적인 구호가 아닙니다. 그것은 하나님의 지혜와 위대한 구원 계획에 대한 깊은 이해와 그로 인한 자연스러운 감격에서 터져 나온 진정한 반응입니다. 원어에 등장하는 '오, 깊도다!'라는 감탄사는 바울 자신이 설명한 복음에 대해 스스로 감탄하고 감격하고 있음을 분명하게 보여줍니다.

자신이 말한 내용에 스스로 감탄하는 것이 어색하게 느껴질 수도 있습니다. 그러나 바울의 찬양은 전혀 그렇지 않습니다. 그것은 바울의 설명과 논리가 그가 인위적으로 만들어 낸 끼워 맞추기식이 아니기 때문입니다. 구원에 대한 그의 설명과 논리는 진리를 기반으로 하여 하나님의 깊으신 뜻을 온전히 이해한 결과였습니다. 그러므로 바울은 자신의 논증에 감탄한 것이 아닙니다. 그것은 그가 전하고 있는 복음의 본질에 압도되어 터져 나온 깊은 내면의 감탄이었습니다. 이는 그가 발견하고 선포한 진리가 얼마나 놀랍고 경이로운지를 보여주는 증거입니다.

그렇습니다. 구원은 율법의 행위가 아닌 오직 믿음으로 말미암는 것입니다. 하나님이 주신 놀라운 은혜의 방편을 깨달은 자라면, 그 누구도 이 진리 앞에 감격하지 않을 수 없습니다. 이 진리는 단순한 교리가 아니라, 인간의 존재론적 질문에 대한 하나님의 명확하고 은혜로운 답변이기 때문입니다. 자신의 노력과 행위로 우리는 결코 거룩함과 구원에 다다를 수 없습니다. 이는 오직 그리스도의 십자가 대속과 그를 믿는 믿음을 통해서만 가능합니다. 이 사실은 모든 교만을 꺾고 겸손하게 만드는 동시에, 우리를 깊은 안도감과 감사함으로 인도합니다.

어떤 면에서 기독교의 역사는 이 구원의 진리를 진정으로 깨달은 자들의 뜨거운 헌신으로 점철된 역사입니다. 동시에, 이 진리를 제대로 깨닫지 못한 자들이 벌인 반역의 역사이기도 합니다. 종교개혁자 마르틴 루터가 "오직 믿음으로 의롭게 된다"는 로마서의 진리를 깨달았을 때를 상상해 보십시오. 그의 감격은 어느 정도였을까요? 그는 평생을 율법의 굴레 속에서 고통받다가 비로소 참된 영혼의 자유를 경험했습니다. 이 감격은 곧 루터가 살아가는 원동력이 되었습니다. 이는 그로 하여금 목숨을 건 종교개혁을 단행하게 했습니다. 또한, 독일을 넘어 유럽 전역을 변화시키는 거대한 파도를 만들어 냈습니다. 복음에 대한 그의 깊은 헌신은 단순히 신학적인 논쟁을 넘어, 수많은 영혼을 율법의 속박에서 해방시키는 촉매제가 되었습니다.

반면, 이 진리를 깨닫지 못한 자들은 어떻습니까? 그들은 스스로를 의롭다 생각하고 타인을 정죄하며, 심지어는 권력과 기득권을 유지하기 위해 복음의 본질을 훼손하는 반역적인 행위를 저질러 왔습니다. 예수님 시대의 바리새인과 서기관들과 같은 자들이 바로 그랬습니다. 그들은 은혜를 알지 못했고 하나님의 사랑도 깨닫지 못했습니다. 그 결과 사람들을 정죄하고 스스로를 의롭게 생각했으며, 심지어 하나님의 아들 예수 그리스도를 십자가에 죽이는 반역까지 저질렀습니다. 그들은 죄인의 친구로 오셔서 연약한 자들과 함께하셨던 예수님의 행동을 결코 이해할 수 없었습니다. 중세 시대 교회의 타락도 마찬가지였습니다. 그들은 하나님의 은혜를 자신의 공로나 행위로 대체하려 했습니다. 그 결과 복음의 참된 능력은 상실되고 형식적인 종교 행위만이 남게 되었습니다.

믿음으로 말미암는 구원의 진리는 단지 머리로 아는 지식을 넘어서는 것입니다. 그것은 가슴으로 경험하고 영혼으로 반응할 수밖에 없는 감격적인 깨달음입니다. 이 깨달음은 단순한 감정적 동요를 넘어, 우리의 삶의 방향을 근본적으로 바꾸는 것입니다. 또한 하나님을 향한 진정한 헌신과 이웃을 향한 사랑의 실천으로 이어지는 강력한 동력이 되기도 합니다. 이것이 바로 바울이 로마서 11장에서 터뜨린 찬양의 진정한 의미이자, 모든 시대를 통해 믿는 자들에게 요구되는 영적 반응이라 할 수 있습니다.

하나님은 이스라엘의 실패를 통해 이방인을 구원하시고, 이방인의 구원을 통해 다시 이스라엘을 구원하십니다. 이처럼 오묘한 하나님의 지혜 앞에 누가 팔짱을 낀 채 무덤덤하게 반응할 수 있겠습니까? 율법의 행위가 아니라 그리스도의 십자가 구속을 통한 은혜의 복음을 깨달았을 때, "와, 깊다!" "와, 대단하다!"라며 탄복하는 것이 지극히 자연스러운 반응입니다. 마치 엄청나게 맛있는 음식을 먹었을 때 "오, 맛있다!"라고 감탄이 저절로 튀어나오는 것과 같습니다. 매운 음식을 먹었을 때 저절로 흘러나오는 땀방울, 혹은 매운 음식을 생각만 해도 침이 고이는 즉각적인 반응처럼 말입니다. 멋진 풍경을 보았을 때 "우와!" 하고 감탄하며 자연스럽게 카메라를 찾습니다. 이 모든 반응은 계획하거나 의도한 것이 아니라, 상황에 대한 자연스러운 심리적, 신체적 반응입니다. 사도 바울의 찬양 역시 마찬가지입니다. 그것은 '지금 찬양해야지'라고 결심하여 의지적으로 한 반응이 아닙니다. 복음의 진리 앞에서 자연스럽게 흘러나온 깊은 감격의 표현입니다.

구원은 단순히 머리로 아는 지식이 아닙니다. 물론 지적인 이해가 전제되어야 하지만, 구원은 지적 이해를 뛰어넘는 영역입니다. 그렇기에 구원에 대한 이해는 자연스러운 감동과 감탄을 불러일으킵니다. 우리는 날마다 기억해야 합니다. 우리 안에 구원의 감격이 더 이상 샘솟지 않는다면, 그것은 우리가 구원의 감격을 잃어버렸다는 신호일 수 있습니다. 혹시 이런 구원의 감격과 기쁨이 사라졌다면 이를 회복하는 일에 온 힘을 쏟아야 할 것입니다.

주의 구원의 즐거움을 내게 회복시켜 주시고 자원하는 심령을 주사 나를 붙드소서 (시편 51:12)

바울의 감탄과 감격은 우리가 하나님을 찬양하고 경배하는 데 있어 매우 중요한 모델을 제시합니다. 찬양은 하나님이 어떤 분이신지를 깊이 깨달았을 때 자연스럽게 터져 나오는 반응입니다. 물론 우리는 의지를 다하고 노력하여 하나님을 찬양해야 합니다. 하나님은 우리의 이해나 동의 여부와 상관없이 찬양받기 합당하신 분이시기 때문입니다. 그러므로 우리는 의지를 드리고 시간을 따로 떼서라도 하나님을 찬양해야 마땅합니다. 그러나 가장 자연스럽고 합당한 찬양은 의지의 문제에 있지 않습니다. 그것은 하나님이 어떤 분이신지를 알고 그분이 하신 놀라운 일을 깨달을 때 나오는 자연스러운 반응입니다. 하나님의 뜻을 깨닫고 그분의 광대하심을 알게 될 때, 피조물은 창조주 하나님을 자연스럽게 찬양할 수밖에 없기 때문입니다. 다시 말해, 찬양은 창조주를 향한 피조물의 마땅한 반응입니다.

만약 피조물인 우리가 하나님을 자연스럽게 찬양하지 못하고 있다면, 그것은 우리가 하나님을 온전히 알지 못하기 때문입니다. 우리에게 하나님을 향한 찬양과 예배의 열정이 없다면, 이는 우리가 하나님을 깊이 경험하지 못했거나 그분의 말씀을 올바로 깨닫지 못했기 때문일 가능성이 큽니다.

좋은 영화나 드라마를 본 뒤에 아무런 반응이 없다는 것은 상상하기 어렵습니다. 인간은 감동하거나 재미를 느꼈을 때, 자연스럽게 반응하기 마련이기 때문입니다. 물론 여기서 반응이라는 것이 단순히 감정적으로 격해지는 것만을 의미하지는 않습니다. 마음이 따뜻해지고 미소 짓게 되는 순간이 있을 수 있으며, 잔잔하면서도 오래도록 여운을 남기는 감동이 일어날 수도 있습니다. 핵심은 반응의 자연스러움입니다.

우리가 하나님의 말씀을 제대로 보고 온전히 깨닫는다면, 그 말씀은 우리의 감정과 영혼에 깊은 영향을 미칠 것입니다. 때로는 기뻠과 감격이 북받쳐 오르며, 때로는 하나님의 거룩하심과 위대하심 앞에서 두려움과 경외의 마음이 자연스럽게 흘러나올 것입니다. 만약 이러한 반응들이 우리 안에 없다면 반드시 점검해 보아야 합니다. 말씀을 피상적으로만 읽었을 뿐, 그 진정한 의미와 능력을 제대로 경험하지 못한 것일 수도 있기 때문입니다.

찬양 또한 마찬가지입니다. 찬양은 단순한 음악적 행위가 아닙니다. 그것은 창조주를 향한 피조물의 마땅하고 자연스러운 반응입니다. 그러므로 하나님의 존재와 그분이 행하신 놀라운 일들을 진정으로 깨달을 때, 우리의 입술에서는 자발적인 찬양이 터져 나오기 마련입니다. 그것은 우리가 하나님을 깊이 알아가고, 그분의 말씀 안에서 살아갈 때 주어지는 가장 아름다운 결과이기 때문입니다. 우리 안에 이러한 자연스러운 찬양과 감격이 가득하기를 소망합니다.

2. 바울이 찬양한 하나님은 어떤 분인가?

그렇다면 바울이 이토록 감동하고 감격했던 구원 역사를 이루시는 하나님은 어떤 분입니까?

지혜와 지식이 풍성하신 분

사도 바울은 하나님의 헤아릴 수 없는 지혜와 지식의 풍성함을 노래하며 경탄했습니다. 그의 고백처럼, 우리 하나님은 그 어떤 피조물도 감히 측량할 수 없는 지혜와 지식으로 충만하신 분이십니다. 하나님의 이 광대무변한 지혜와 지식은 특히 그분의 창조 사역을 통해 선명하게 드러납니다. 하나님께서는 말씀으로 온 우주 만물을 창조하셨습니다. 무한히 광대한 온 세상조차 하나님의 지혜로부터 나온 한낱 피조물일 뿐입니다. 하나님의 지혜와 지식의 무한함은 우리가 감히 상상할 수 없는 영역입니다. 그분은 모든 피조물이 창조의 목적 아래 서로 조화를 이루며 존재하도록 만드셨습니다. 작은 미생물부터 거대한 행성에 이르기까지, 모든 피조물은 하나님이 부여하신 역할을 충실히 수행하며 이 세상의 균형과 질서를 유지하고 있습니다. 생태계의 먹이사슬, 행성들의 정교한 궤도, 생명체의 복잡한 유전 정보 등은 우주가 얼마나 복잡하면서도 정교하게 설계되었는지를 여실히 보여줍니다. 이러한 세상은 결코 우연의 산물이 아닙니다. 이 세상은 하나님의 탁월한 지혜와 지식의 풍성함이 빚어낸 영광스러운 결과물입니다.

또한 하나님은 모든 것을 아시는 전지하신 분입니다. 시편 139편은 하나님이 인간의 마음과 생각까지도 꿰뚫어 보신다고 고백합니다.

> 1 여호와여 주께서 나를 살펴 보셨으므로 나를 아시나이다 2 주께서 내가 앉고 일어섬을 아시고 멀리서도 나의 생각을 밝히 아시오며 3 나의 모든 길과 내가 눕는 것을 살펴 보셨으므로 나의 모든 행위를 익히 아시오니 4 여호와여 내 혀의 말을 알지 못하시는 것이 하나도 없으시니이다 5 주께서 나의 앞뒤를 둘러싸시고 내게 안수하셨나이다 6 이 지식이 내게 너무 기이하니 높아서 내가 능히 미치지 못하나이다 (시편 139:1~6)

우리는 인생에서 일어나는 수많은 사건을 제대로 이해할 수 없습니다. 그러나 하나님께서는 모든 것을 정확히 알고 계십니다. 아니, 하나님은 모든 것을 알고 계시는 것을 넘어서 그 모든 것을 운행하시고 통치하시는 분입니다. 하나님의 계획과 간섭을 넘어서는 일은 아무 것도 없습니다. 그 모두가 그분의 통치 아래 있습니다. 심지어 하나님은 자신의 선한 목적을 이루시기 위해 인간의 죄와 실수도 허용하시며 기다리십니다. 하나님께 실패란 절대 없습니다. 하나님은 그분의 지혜와 지식으로 모든 것을 알고 계시기 때문입니다.

인간의 이해를 넘어서는 분

하나님의 지혜와 지식은 너무나 깊고 광대합니다. 그렇기에 우리는 그분의 판단을 온전히 이해할 수 없습니다. 그분이 행하시는 길은 인간의 지혜로는 감히 헤아릴 수 없으며, 그분의 마음을 짐작하는 것도 불가능합니다. 그분의 지혜와 지식이 이처럼 완전하고 풍성하기에, 하나님께 조언하거나 가르칠 수 있는 이는 아무도 없습니다.

하나님의 지혜는 인간의 이해와 깨달음을 초월합니다. 만약 창조주 하나님께서 인간의 지혜와 능력으로 온전히 판단되고 평가될 수 있는 수준이라면 우리가 어떻게 그분을 진정으로 신뢰하고 따를 수 있겠습니까? 인간에게 완벽히 이해되는 대상은 결코 참된 신이 될 수 없습니다. 역설적이지만, 하나님의 뜻과 지혜를 우리가 온전히 이해할 수 없다는 사실 자체가 큰 은혜입니다. 하나님의 백성에게는 이러한 역설이 감사와 찬양의 조건일 수밖에 없습니다. 그분의 지혜와 지식이 풍성하고 충만하며 헤아릴 수 없기에, 우리는 경외감과 감격 속에서 하나님을 진정으로 찬양하는 은혜를 누릴 수 있습니다.

하나님은 우리의 이해 너머에 계십니다. 우리의 생각은 하나님의 생각과 비교할 수 없을 정도로 차이가 있습니다. 성경은 이 부분을 분명하게 선언합니다.

> 이는 하늘이 땅보다 높음 같이 내 길은 너희의 길보다 높으며 내 생
> 각은 너희의 생각보다 높음이니라 (이사야 55:9)

하나님의 생각과 그분이 가시는 길은 우리와는 차원 다릅니다. 하나님은 우리의 이해 너머에 계시며, 우리의 생각은 하나님의 생각과 비교할 수 없습니다. 그분의 지혜와 지식의 풍성함은 우리의 가장 창의적인 상상마저 초월합니다. 그러므로 우리는 알 수 없는 미래 앞에서 두려워하거나, 현재의 어려움 속에서 낙심할 필요가 없습니다. 우리의 할 일은 그저 겸손한 마음으로 하나님만을 바라보는 것입니다. 하나님의 초월적인 지혜와 섭리는 우리에게 깊은 경외심을 불러일으킬 뿐만 아니라, 그분께 모든 것을 맡기는 온전한 신뢰로 우리를 이끕니다. 우리는 결국, 모든 것을 아시고 가장 좋은 길로 인도하시는 사랑과 지혜가 풍성하신 하나님께 삶의 모든 순간을 의지해야 합니다.

욥을 생각해 보십시오. 그는 한순간에 재산을 모두 잃고, 자녀를 잃고, 건강을 잃어버렸습니다. 특별한 죄를 짓지 않았던 욥은 자신에게 닥친 엄청난 고난의 이유를 알지 못했습니다. 그는 자신에게 닥친 고난의 이유를 알고 싶어 하나님께 호소합니다.

내가 하나님께 아뢰오리니 나를 정죄하지 마시옵고 무슨 까닭으로 나와 더불어 변론하시는지 내게 알게 하옵소서 (욥기 10:2)

그러나 하나님은 그의 요청에 즉시 답하지 않으셨습니다. 오히려 고난의 이유를 설명하시기보다, 욥이 하나님의 통치와 섭리를 온전히 이해할 수 없는 연약한 피조물임을 강조하실 뿐이었습니다. 놀랍게도, 욥의 회복은 그가 자신의 무지를 인정하고 하나님의 하나님 되심을 온전히 인정할 때 시작되었습니다. 자신이 연약하고 아무것도 알 수 없는 존재임을 깨달았을 때, 그때가 바로 하나님의 은혜가 임하는 때이며 진정한 회복이 일어나는 때였습니다.

1 욥이 여호와께 대답하여 이르되 2 주께서는 못 하실 일이 없사오며 무슨 계획이든지 못 이루실 것이 없는 줄 아오니 3 무지한 말로 이치를 가리는 자가 누구니이까 나는 깨닫지도 못한 일을 말하였고 스스로 알 수도 없고 헤아리기도 어려운 일을 말하였나이다 4 내가 말하겠사오니 주는 들으시고 내가 주께 묻겠사오니 주여 내게 알게 하옵소서 5 내가 주께 대하여 귀로 듣기만 하였사오나 이제는 눈으로 주를 뵈옵나이다 6 그러므로 내가 스스로 거두어들이고 티끌과 재 가운데에서 회개하나이다 (욥기 42:1~6)

'수포자'라는 말을 들어 보셨을 겁니다. 이런 말이 나올 만큼 수학은 학생들의 머리를 아프게 만드는 골칫거리입니다. 하지만 모두에게 그런 것은 아닙니다. 어떤 사람들은 스트레스받고 힘들 때 오히려 수학 문제를 풀면서 스트레스를 해소하기도 합니다. 이런 사람들에게는 수학 문제가 즐거움을 주는, 쉼을 주는 용도로 사용되는 것입니다. 개인적으로 수학 문제를 그렇게 이용한다고 하시는 분을 만나본 적이 있는데, 저에게는 전혀 이해되지 않는 다른 세계의 이야기였습니다.

인간 사이에서도 이처럼 이해할 수 없는 차이가 존재하는데, 하물며 하나님과 우리 사이는 어떻겠습니까? 하나님은 완전함 그 자체이십니다. 하나님의 지혜와 능력은 말 그대로 무한합니다. 우리가 그분을 판단하거나 평가할 수 없는 이유가 바로 여기에 있습니다. 유한은 무한을 이해할 수 없고 피조물은 창조주를 평가할 수 없습니다.

3. 우리에게 필요한 것

하나님은 이처럼 지혜와 지식이 풍성하여 우리가 온전히 이해하지 못할 분이십니다. 그렇다면 그 하나님 앞에서 우리는 어떤 태도를 보여야 할까요? 앞서 언급했듯이, 우리는 겸손히 그분을 인정하며 잠잠히 기다려야 합니다. 그분의 임재 앞에 가만히 서서 우리의 입을 막아야 합니다. 우리는 하나님 앞에서 감히 어떤 이야기도 할 수 없습니다. 때로는 하나님이 하시는 일이 마음에 안 들 수도 있고 기다리는 것에 지칠 수도 있습니다. 그러나 우리는 하나님의 생각이 우리의 생각과 다르며, 그분의 지혜가 우리의 지혜보다 훨씬 더 깊다는 사실을 잊지 말아야 합니다. 우리가 해야 하는 일은 이해되지 않는 하나님의 다스리심과 일하심 앞에서 그분을 신뢰하며 기다리는 것뿐입니다. 하나님이 위대한 일을 행하실 때 하나님의 백성들에게 요구하신 것은 무엇입니까? 그저 가만히 서서 하나님이 하신 일을 보는 것입니다.

13 모세가 백성에게 이르되 너희는 두려워하지 말고 가만히 서서 여호와께서 오늘 너희를 위하여 행하시는 구원을 보라 너희가 오늘 본 애굽 사람을 영원히 다시 보지 아니하리라 14 여호와께서 너희를 위하여 싸우시리니 너희는 가만히 있을지니라 (출애굽기 14:13~14)

너희는 이제 가만히 서서 여호와께서 너희 목전에서 행하시는 이 큰 일을 보라 (사무엘상 12:16)

이르시기를 너희는 가만히 있어 내가 하나님 됨을 알지어다 내가 뭇 나라 중에서 높임을 받으리라 내가 세계 중에서 높임을 받으리라 하시도다 (시편 46:10)

우리는 하나님의 그 위대한 계획을 제대로 알 수도 없고 온전히 이해할 수도 없습니다. 창조주 하나님의 무한한 지혜와 지식 앞에서 피조물인 우리의 이해력은 한계가 명확합니다. 우리 자신보다 우리를 더 잘 아시는 하나님을 신뢰해야 합니다. 하나님이 하시는 일은 언제나 가장 선하고 완전하다는 진리를 겸손히 받아들이는 것이 필요합니다. 이것이 바로 우리가 혼란스럽고 불확실한 세상 속에서도 흔들리지 않고 살아갈 수 있는 믿음의 견고한 토대입니다.

결국 우리는 신실하신 하나님과 그분의 무한한 지혜를 신뢰해야 합니다. 그리고 모든 것을 온전히 맡기는 믿음의 삶을 살아가야 합니다. 이러한 맥락에서 볼 때, 건강한 기도란 무엇일까요? 우리의 기도는 하나님의 뜻이 무엇인지 깊이 고민하고, 그 뜻에 우리의 삶을 전적으로 맡기는 것이어야 합니다. 하나님께 우리의 필요나 바람을 전혀 아뢰지 말라는 뜻이 아닙니다. 우리가 원하는 바를 아뢰되, 궁극적으로는 하나님의 지혜로운 뜻에 순종하겠다는 마음으로 기도해야 합니다. 우리의 기도가 단순한 소원 목록의 나열이 되지 않기를 바랍니다. 기도를 통해 그분과의 깊은 교제로 나아갈 때, 우리는 하나님의 크고 놀라운 계획을 발견하게 될 것입니다. 그리고 우리는 그분을 신뢰함으로 진정한 평안과 완벽한 인도하심을 경험하게 될 것입니다.

구원의 위대한 진리를 깨달은 성도는 어떤 사람입니까? 그는 그 구원을 이루어 주신 하나님의 지혜와 지식, 그리고 그분의 판단과 인도에 감격하며 살아가는 사람입니다. 이 감격이야말로 구원받은 하나님의 백성이 살아갈 수 있는 삶의 원동력이며 기쁨의 근원입니다. 그러므로 구원에 합당한 삶은 구원의 감격과 하나님을 향한 경외심에서 나옵니다. 그렇지 않은 삶은 율법주의로 빠질 수밖에 없습니다. 이 부분은 이후에 좀 더 살펴보도록 하겠습니다.

제2장 누가 그의 모사가 될 수 있는가?

●

누가 주의 마음을 알았느냐 누가 그의 모사가 되었느냐

누가 주께 먼저 드려서 갚으심을 받겠느냐 (롬11:34~35)

바울은 로마서 11장 33절에서 구원을 이루시는 하나님의 위대하심을 깨닫고 그분을 찬양했습니다. 그가 발견한 하나님은 지혜와 지식이 풍성한 분이셨습니다. 또, 그의 판단은 깊이도, 넓이도, 높이도 헤아릴 수 없을 만큼 경이로운 것이었습니다. 바울은 이어지는 33절에서 하나님의 풍성함과 위대함, 그리고 미천하고 연약한 인간의 지혜와 판단을 대조합니다. 바울은 몇 가지 수사적 질문을 통해서 인간의 한계를 드러냅니다. 그 질문들은 다음과 같습니다.

"누가 주의 마음을 알았느냐?"

"누가 그의 모사가 되었느냐?"

"누가 주께 먼저 드려서 갚으심을 받겠느냐?"

1. 누가 주의 마음을 알았느냐?

유한한 인간은 하나님의 지혜와 판단을 깨달을 수 없습니다. 그 뿐만 아니라 하나님의 마음도 이해할 수 없습니다. 여기서 말하는 '마음'은 내면의 생각 혹은 내적인 감각을 의미합니다.

10명이 모이면 10가지 의견이 있다는 말이 있습니다. 사람마다 생각이 다르고 관점에 차이가 있다는 말입니다. 사람들의 생각은 비슷한 것 같아도 깊이 들어가 보면 저마다 차이가 있습니다. 왜 이렇게 사람 간에 생각의 차이가 있고 이해하기가 어려울까요? 각자가 살아온 이력이 다르고 경험이 다르기 때문입니다. 또한 가진 정보의 양도 다르고 정보를 처리하는 능력도 다르기 때문입니다. 성격의 차이도 있고 가치관의 차이도 있습니다. 그러므로 사람마다 생각이 다르고 관점에 차이가 있는 것은 매우 당연한 일입니다. 그렇다면 하나님과 우리는 어떨까요? 일단 존재 자체가 다릅니다. 앞서 살폈던 것처럼 지혜와 지식 그리고 판단의 크기가 다릅니다.

그분과 인간이 가진 지혜와 지식 그리고 판단력의 차이는 하늘과 땅의 간극보다 더 큰 것입니다. 그러므로 그분과 우리의 생각에는 엄청난 차이가 있을 수밖에 없습니다. 땅을 살아가는 인간이 하늘 위에 하나님을 어떻게 이해할 수 있겠습니까? 이는 지식적인 측면뿐 아니라 마음의 측면에서도 마찬가지입니다.

'열 길 물속은 알아도 한 길 사람 속은 모른다'는 속담처럼, 우리는 타인의 속마음을 헤아리기 어렵습니다. 아니 사실은 자신의 마음조차 제대로 파악하지 못하는 경우도 허다합니다. 그래서 요즘 MBTI와 같은 심리검사가 유행하고 있습니다. 이런 유행은 본질적으로 자신과 타인을 이해하기 어렵다는 고민을 전제합니다. 이처럼, 다른 사람은 고사하고 나 자신을 이해하기조차 쉽지 않습니다. 그런데 어떻게 인간과 전혀 다른 존재인 하나님의 마음을 이해할 수 있겠습니까? 스스로도 이해하지 못하는 인간이 하물며 모든 것을 창조하고 다스리시는 하나님의 광대한 마음을 파악할 수 있을까요? 무모한 시도는 한계에 부딪힐 뿐입니다. 피조물인 인간은 창조주 하나님의 생각을 제대로 이해하고 헤아릴 수 없습니다.

아는 만큼 보이고 경험한 만큼 알게 됩니다. 창조주 하나님의 지혜와 지식은 무한합니다. 그 무한의 지식으로 어떤 사건을 바라볼 때 느끼는 감정의 깊이와 넓이를 짐작이나 할 수 있을까요? 그분의 생각과 마음을 우리는 감히 헤아릴 수 없습니다. 천지창조를 떠올려 봅시다. 하나님께서는 만물을 창조하시고 '보시기에 좋았더라'고 선언하셨습니다. 이 짧은 문장은 하나님의 만족과 기쁨을 표현합니다. 하지만 우리 인간이 그 의미를 온전히 파악하는 것은 불가능합니다. 우리는 장엄한 자연을 바라보며 감탄하며 "좋다!"라고 외칠 수 있습니다. 그러나 그 감탄이 곧 하나님의 심정을 그대로 담아내는 것은 아닙니다. 인간은 창조의 현장에 직접 있지 못했고, 설령 그곳에 있었다 해도 그 거대하고 복합적인 광경을 온전히 파악할 수 없었을 것입니다. 하나님이 느끼신 기쁨과 우리가 느끼는 기쁨 사이에는 지혜의 범위, 감정의 세밀함, 기쁨의 크기와 깊이에서 근본적인 차이가 존재합니다. 물론 우리는 하나님의 형상을 따라 지음을 받았기에 그분의 작품 앞에서 감탄하거나 기뻐할 수 있습니다. 그러나 그것이 하나님의 무한한 기쁨과 동일한 수준일 수는 없습니다.

죄를 향한 마음도 마찬가지입니다. 타락한 인류가 하나님을 대적하는 모습을 바라보실 때, 그분의 분노와 열정, 사랑과 자비를 우리는 어디까지 이해할 수 있겠습니까? 물론 전혀 공감하지 못한다는 뜻은 아닙니다. 구원받은 성도는 성령의 조명으로 하나님의 뜻을 깨닫고, 그 마음을 어느 정도 느낄 수 있습니다. 그러므로 우리도 죄에 대해서 아파하기도 하고 죄 많은 세상을 보며 슬퍼하기도 합니다. 그러나 그리스도의 마음을 품었음에도, 우리가 죄를 바라보며 느끼는 아픔과 세상을 향한 슬픔은 하나님의 무한한 감정과 동일할 수 없습니다. 바울은 우리가 그리스도의 마음을 가졌다고 고백했습니다.

> 누가 주의 마음을 알아서 주를 가르치겠느냐 그러나 우리가 그리스도의 마음을 가졌느니라 (고린도전서 2:16)

그러나 동시에 로마서 11장 34절을 통해 인간의 한계를 분명히 지적합니다. 하나님의 구원의 경륜과 그 안에 충만히 드러나는 지혜를 묵상할수록, 그는 인간 이해력의 부족을 절감했습니다. 결국 우리는 하나님의 무한한 마음을 한 조각이나마 간신히 맛볼 뿐입니다. 그 깊이와 넓이를 온전히 파악할 수 없다는 것을 분명히 알아야 합니다. 이러한 한계를 기억할 때, 우리는 더욱 겸손히 하나님을 경배하며 그분의 은혜를 감사하게 됩니다.

2. 누가 그의 모사가 되었느냐?

이처럼 우리는 하나님의 마음을 온전히 알 수 없습니다. 그러므로 인간은 지혜와 지식이 풍성하신 하나님을 도울 위치에 있을 수 없습니다. 그래서 바울은 "누가 그의 모사가 되었느냐?"라고 질문합니다. '모사(謀士, counselor)'란 지혜와 통찰로 사람을 이끌어 주고, 부족한 부분을 보완해 주는 조력자를 가리킵니다. 공동번역에서는 "주님의 의논 상대가 될 만한 사람이 누구였습니까?"라고 이 부분을 번역했습니다. 하나님은 본질적으로 완전하시며 전지전능하십니다. 그분의 지혜와 지식은 충만하고 완벽하므로, 외부의 조언이나 보완이 전혀 필요하지 않습니다. 완전하신 하나님께서는 그 어떤 존재에게도 의논을 구하실 필요가 없으십니다. 따라서 피조물인 우리는 하나님의 뜻을 수정하거나 다른 의견을 제안하려 해서는 안 됩니다. 마땅히 전적인 수용과 순종의 자세를 갖추어야 합니다. 그것이 바로 하나님께서 자신의 백성에게 "내 말을 지켜 행하고, 거기에 더하거나 빼지 말라"(신 12:32)고 명령하신 이유입니다.

> 내가 너희에게 명령하는 이 모든 말을 너희는 지켜 행하고 그것에 무엇을 더하지도 말고 줄이지도 말지니라 (신명기 12:32)

우리는 완전하신 하나님의 '의논 상대'가 될 수 없습니다. 그분 앞에서 인간이 취할 유일한 태도는 오로지 경배와 순종입니다. 그러나 많은 사람은 하나님의 지혜와 지식의 풍요로움을 인정하지 못한 채, 그분의 계획과 뜻을 받아들이길 주저합니다. 하나님의 응답이 늦는 것 같고, 그분의 뜻이 합리적이지 않게 느껴질 때가 있기 때문입니다. 그 순간 우리에게 필요한 것은 믿음으로 드리는 순종입니다. 소원을 하나님께 아뢸 수는 있지만, 내 생각이 언제나 정당하고 옳다고 여기는 태도는 내려놓아야 합니다. 우리의 바람은 흔히 육체적 욕구에 뿌리를 두고 있어 하나님의 뜻과 어긋날 가능성이 높기 때문입니다. 그러므로 우리는 언제나 "주의 뜻이 무엇인가"(엡 5:17)를 우선적으로 구하며, 자신의 생각을 그분의 뜻에 맞추려 힘써야 합니다.

완전하신 하나님께 조언이 필요하다면 그 상대는 하나님 자신뿐입니다. 한 분이신 하나님은 성부·성자·성령의 삼위로 계시며, 영원 전부터 완전한 사랑과 교제 속에서 스스로를 충족시키셨습니다. 삼위께서는 서로 상의하시며 세상을 창조하고 주권적으로 다스리십니다. 그 역동적 협의는 인간 창조 장면에서 분명히 드러납니다.

> 하나님이 이르시되 우리의 형상을 따라 우리의 모양대로 우리가 사람을 만들고 그들로 바다의 물고기와 하늘의 새와 가축과 온 땅과 땅에 기는 모든 것을 다스리게 하자 하시고 (창세기 1:26)

여기서 성경은 '우리'라는 표현을 통해서 삼위 하나님이 함께 의

논하시는 모습을 보여줍니다. 이는 인간 창조 과정에서 삼위 하나님의 협의 과정을 잘 보여주는 장면입니다. 이러한 '완전 안에서의 연합'은 연약한 인간에게 크나큰 위로와 평안을 선사합니다. 완전하신 하나님의 완전함이 완전한 연합으로 완전하게 협의가 이뤄지는 과정은 영광스러움 그 자체입니다. 그러므로 어떤 피조물도 완전하신 하나님의 깊은 계획에 어떠한 수정을 가할 수도, 가할 필요도 없습니다. 우리에게 필요한 것은 경배와 찬양뿐입니다.

이렇게 하나님의 상담자가 되어줄 존재는 하나님 자신 외에는 아무도 없습니다. 그런데 놀랍게도 그 위대하신 하나님은 우리의 상담자가 되어주시기를 기뻐하십니다. 이사야는 오실 메시아를 다음과 같이 예언했습니다.

> 이는 한 아기가 우리에게 났고 한 아들을 우리에게 주신 바 되었는데 그의 어깨에는 정사를 메었고 그의 이름은 기묘자라, 모사라, 전능하신 하나님이라, 영존하시는 아버지라, 평강의 왕이라 할 것임이라 (이사야 9:6)

예수님은 우리의 모든 문제와 고민을 아시며, 가장 지혜롭고 완전한 해답을 주시는 분이십니다. 그분은 진정한 모사(상담자)로 이 땅에 오셨습니다. 또한 주님은 승천하시며 성령을 '보혜사', 곧 위로자이자 상담자로 보내 주셨습니다.

보혜사 곧 아버지께서 내 이름으로 보내실 성령 그가 너희에게 모든 것을 가르치고 내가 너희에게 말한 모든 것을 생각나게 하리라
(요한복음 14:26)

성령님께서는 우리에게 진리를 가르치시고, 말씀을 기억나게 하시며, 어려움 속에서 위로와 능력을 주십니다. 그분은 우리 안에서 역사하시며 우리의 영적 성장을 돕고, 하나님의 뜻을 분별하도록 이끄시며 내주하시는 상담자이자 조력자이십니다.

인간은 하나님께 조력자가 될 수 없지만, 하나님은 우리의 조력자가 되어주시며 상담자가 되어주십니다. 이런 은혜와 긍휼은 구원받은 성도만이 누릴 수 있습니다. 그러므로 어찌 감사하고 기뻐하지 않을 수 있겠습니까?

3. 누가 주께 먼저 갚으심을 받겠느냐?

또한 바울은 '누가 주께 먼저 드려서 갚으심을 받겠느냐?'고 반문합니다. 공동번역에서는 '누가 먼저 무엇을 드렸기에 주님의 답례를 바라겠습니까?'로 번역했습니다. 불완전하고 제한적인 존재인 우리가 어떻게 전지전능하시고 완전한 하나님께 무언가를 먼저 드

릴 수 있겠습니까? 우리는 하나님의 깊은 뜻을 끝까지 헤아리지 못하는 연약한 존재입니다. 하물며 그분의 필요를 예측하여 무엇인가를 미리 공급할 수 있겠습니다. 그것은 절대 불가능합니다. 우리는 우리의 모든 소유와 생명의 출처가 하나님이심을 기억해야 합니다. 주께서 욥에게 선언하신 말씀이 이를 분명히 밝힙니다.

> 누가 먼저 내게 주고 나로 하여금 갚게 하겠느냐 온 천하에 있는 것이 다 내 것이니라 (욥기 41:11)

온 세상이 하나님의 것이라면, 인간이 하나님께 '선(先)제공'할 수 있는 것이 무엇입니까? 아무것도 없습니다. 우리는 오직 하나님께로부터 받은 것으로만 다시 드릴 뿐입니다. 이 사실은 물질에 국한되지 않습니다. 생명, 지혜, 인도하심 등 우리가 가진 모든 것이 하나님께로부터 왔습니다. 따라서 우리는 어떤 영역에서도 참된 '소유권'을 주장할 수 없습니다.

인간은 하나님께 무언가를 '먼저 드리고' 그에 대한 '갚음'을 기대할 수 없는 존재입니다. 인간의 교만은 하나님의 속성과 주권을 오해하는 데서 비롯되는 것입니다. 하나님께 드릴 것이 있어서 드리는 것이 아닙니다. 인간은 그저 이미 모든 것을 우리에게 베풀어주신 하나님의 은혜에 감사하고 찬양할 뿐입니다.

바울은 세 가지 수사적 질문을 통해 인간이 하나님 앞에서 철저히 무능력한 존재임을 드러냅니다. 우리는 그분의 마음을 다 헤아릴 수도 없고, 그분께 조언할 지혜나 자격도 없으며, 그분께 먼저 드릴 만한 아무것도 가지고 있지 않습니다. 그러므로 우리에게 남은 일은 은혜에 대한 감사와 찬양으로 응답하는 것뿐입니다. 이것이 하나님을 참으로 아는 신자에게 마땅한 태도이며 구원받은 신자의 마땅한 반응입니다.

제3장 만물의 기원과 목적

●

이는 만물이 주에게서 나오고 주로 말미암고 주에게로 돌아
감이라 그에게 영광이 세세에 있을지어다 아멘 (로마서 11:36)

구원의 심오한 비밀을 설명한 바울은 세 가지 수사적 질문으로
하나님을 찬양하며 경배합니다.

"누가 주의 마음을 알았느냐?"
"누가 그의 모사가 되었느냐?"
"누가 주께 먼저 드려서 갚으심을 받겠느냐?"

이 질문들의 답은 모두 "NO"였습니다. 주의 마음을 알 수 있는

자는 아무도 없습니다. 그분의 조력자가 될 수 있는 자도 없으며, 그분께 먼저 뭔가를 드릴 수 있는 자도 없습니다. 이제 바울은 그 이유를 로마서 11장 36절에서 밝힙니다. 그 답을 한마디로 정리하면, 세상 모든 존재가 하나님을 근원으로 하고 있기 때문입니다.

1. 만물이 주에게서 나오고

만물이 하나님으로부터 나옵니다. 이는 만물의 근원이 하나님이라는 선언입니다. 하나님으로부터, 그리고 하나님을 통해 나오지 않은 것은 하나도 없습니다. 여기서 '만물이 주에게서 나온다'는 진술은 고대 신화에 종종 등장하는 유출설과 본질적으로 다릅니다. 유출설에 따르면, 신의 충만함이 흘러넘쳐 의도 없이 세상이 형성되었다고 설명합니다. 신화 속 신은 지성과 의지를 가진 인격적 존재가 아니라, 단지 크고 신비한 어떤 실체일 뿐입니다. 그러나 성경은 하나님이 온 세상을 분명한 의도와 계획을 가지고 창조하셨다고 말합니다. 하나님은 그분의 풍성한 지혜와 지식으로 만물을 창조하셨으며, 그 어떤 창조 행위도 우연이나 충동에서 비롯된 것이 아닙니다. 하나님은 계획하시고 작정하십니다. 온 세상과 만물은 그분 안에 있는 지혜와 목적을 반영하는 거울과 같습니다. 우주는 하나님의 설계와 의지에 따라 존재하게 되었고, 그분의 말씀으로 창조되었습니다. 성경의 시작을 살펴보십시오. 성경은 하나님이 모든 존재의 기원이시며, 만물의 출발점이 되심을 분명히 밝히며 시작합니다.

태초에 하나님이 천지를 창조하시니라 (창세기 1:1)

하나님은 세상의 시작일 뿐 아니라, 존재 자체의 이유이십니다. 하나님이 아니고서는 이 세상에 존재할 수 있는 것은 아무것도 없습니다. 하나님은 하늘과 땅의 모든 만물을 말씀으로 창조하셨습니다. 여기서 말하는 '만물'은 눈에 보이는 물질적인 것에 국한되지 않습니다. 보이지 않는 영적 실재와 비물질적인 존재까지 모두 하나님으로부터 기원합니다. 죄를 제외한 모든 것은 하나님의 뜻과 능력 안에서 나온 것입니다. 예를 들어 봅시다. 사랑의 기원은 어디입니까? 바로 하나님입니다. 성경은 하나님을 사랑 그 자체로 소개합니다.

사랑하지 아니하는 자는 하나님을 알지 못하나니 이는 하나님은 사랑이심이라 (요한1서 4:8)

사랑뿐 아니라, 선함과 즐거움, 진리와 생명, 우리가 가진 모든 능력, 심지어 우리의 생각과 감정까지도 모두 하나님에게서 비롯된 것입니다. 우리가 가진 모든 것은 사실상 하나님의 선물입니다. 우리는 우리 소유에 대해 독립적인 권리를 주장할 수 없습니다.

이렇게 모든 만물이 하나님에게서 나왔다는 사실은 하나님의 선재성(先在性)을 말해 주기도 합니다. 시간도 하나님으로부터 나왔습니다. 그러므로 하나님은 시간 이전에 존재하십니다. 아니 시간과 무관하게 시간을 초월하여 존재하십니다. 하나님은 시간에 제약받지 않으십니다. 공간도 마찬가지입니다. 공간은 하나님의 창조물입니다. 하나님은 시간과 공간을 초월하시는 영원의 존재입니다. 계시록은 지금도 있고, 전에도 있고 장차 올 분으로 하나님을 소개합니다. 이는 시간과 공간을 초월하시는 분이기 때문에 가능합니다.

주 하나님이 이르시되 나는 알파와 오메가라 이제도 있고 전에도 있었고 장차 올 자요 전능한 자라 하시더라 (요한계시록 1:8)

하나님은 만물보다 먼저 계시는 분이십니다. 이처럼 영원 전부터 스스로 계신 분, 선재하신 하나님이 바로 모든 만물의 창조주이십니다.

2. 만물이 주로 말미암고

"만물이 주로 말미암는다"라는 말은 하나님이 온 세상을 통치하고 간섭하신다는 의미입니다. 하나님은 창조하실 때뿐 아니라, 지금도 계속해서 피조세계를 보존하고 다스리시는 주권자이자 주관자이십니다. 만물은 하나님의 능동적인 섭리 아래 존재합니다. 또한, 그분의 뜻과 계획안에서 운행되고 있습니다.

하나님의 주권은 역사의 큰 흐름을 주관합니다. 그뿐이 아닙니다. 그분의 주권은 자연의 질서와 인간의 사소한 삶의 자리까지, 세상 모든 영역에 미쳐 있습니다. 어느 하나도 하나님의 손길을 벗어나는 것은 없습니다. 하나님은 단지 모든 것을 아시는 전지하신 분일 뿐만 아니라, 모든 것을 주장하시고 이끄시는 전능하신 분입니다. 예수님은 하나님의 섭리가 얼마나 세밀한 차원까지 미치는지를 설명해 주셨습니다.

참새 두 마리가 한 앗사리온에 팔리는 것이 아니냐 그러나 너희 아버지께서 허락지 아니하시면 그 하나라도 땅에 떨어지지 아니하리라 (마태복음 10:29)

우주의 운행뿐 아니라, 작은 생명 하나의 일거수일투족까지도 하나님의 섭리 가운데 존재합니다. 우리가 살아 숨 쉬는 것, 오늘 하루를 시작할 수 있는 것, 모든 것이 하나님의 지속적인 섭리와 간섭 안에 있습니다. 특별히 이 간섭은 하나님의 백성인 우리에게 은혜와 사랑으로 다가옵니다. 하나님이 하나님의 백성을 먹이고 입히시기 때문입니다.

> 공중의 새를 보라 심지도 않고 거두지도 않고 창고에 모아들이지도 아니하되 너희 하늘 아버지께서 기르시나니 너희는 이것들보다 귀하지 아니하냐 (마태복음 6:26)

이와 같은 하나님의 섭리를 온전히 인정하고 믿게 된다면 어떻게 될까요? 인간은 염려의 문제에서 벗어날 수 있습니다.

> 30 오늘 있다가 내일 아궁이에 던져지는 들풀도 하나님이 이렇게 입히시거든 하물며 너희일까보냐 믿음이 작은 자들아 31 그러므로 염려하여 이르기를 무엇을 먹을까 무엇을 마실까 무엇을 입을까 하지 말라 (마태복음 6:30~31)

또한 하나님은 우리를 향한 관심과 계획을 갖고 계십니다. 인간의 역사뿐 아니라, 우리의 고통과 기쁨, 실패와 성공 속에서도 하나님은 일하십니다. 하나님의 간섭과 섭리는 늘 온전하고 완전하시기에 결국 하나님이 기뻐하시는 선을 이루십니다.

> 하나님을 사랑하는 자, 곧 그 뜻대로 부르심을 입은 자들에게는 모든 것이 협력하여 선을 이루느니라 (로마서 8:28)

하나님의 섭리는 단순한 통제나 운명적 필연이 아닙니다. 분명한 목적에 기초한 사랑의 돌보심입니다.

하나님의 간섭과 섭리를 생각할 때 늘 걸리는 지점은 인간의 자유의지입니다. 하나님의 섭리와 계획안에 있다고 하면, 사람들은 흔히 인간의 자유의지가 간섭받을 것 같은 걱정과 의문을 가집니다. 하지만 하나님의 섭리와 간섭은 만물, 특히 인간의 자유의지를 제한하지 않으면서 적용됩니다. 어떻게 섭리와 자유의지가 공존할 수 있습니까? 이 문제를 해결하는 데 필요한 것은 역시 믿음입니다. 믿음은 감정적이거나 의지적이지 않습니다. 믿음은 하나님을 아는 지식입니다. 하나님이 전능하시다면 하나님에게 불가능한 것은 없습니다. 온 세상을 말씀으로 창조하신 하나님, 시간과 공간을 넘어서 존재하시는 분에게 불가능은 없습니다. 하나님은 전능하십니다. 그러므로 그분은 피조물의 자유의지를 침해하지 않으시면서도 온 세상에 자신의 섭리를 이루어 가실 수 있습니다.

하나님은 우주의 법칙을 제정하신 분이십니다. 또한, 그 법칙 속에서 우리를 이끄시고, 필요할 때는 그 법칙을 초월하여 역사하시는 분이십니다. 하나님은 만물을 보존하시고 운행하시고 섭리하십니다. 또, 만물이 존재하게 하시며, 그것이 사라지지 않도록 지탱하십니다.

> 이는 하나님의 영광의 광채시요 그 본체의 형상이시라 그의 능력의 말씀으로 만물을 붙드시며 죄를 정결하게 하는 일을 하시고 높은 곳에 계신 지극히 크신 이의 우편에 앉으셨느니라 (히브리서 1:3)

하나님은 만물을 지탱하시는 것으로 만족하지 않으십니다. 그분은 만물을 통치하시고 운행하십니다. 모든 자연의 질서와 역사의 흐름을 통치하시며 이끄시는 분이십니다.

이러한 전적인 하나님의 주권과 섭리를 온전히 인식하고 있습니까? 그런 인식이 있을 때, 우리는 비로소 자신이 우연이나 운명에 휘둘리는 존재가 아님을 확신할 수 있습니다. 하나님은 세상과 우리의 삶을 방치하지 않으십니다. 오히려 지금, 이 순간에도 신실하고 지혜롭게 간섭하시며, 그의 선하신 뜻을 이루고 계십니다. 그러므로 신자는 언제나 하나님의 섭리를 신뢰하는 신실한 태도를 보여야 합니다. 눈에 보이는 현실이 이해되지 않더라도 마찬가지입니다. 우리는 하나님의 선하심을 신뢰하고 순종하는 자에게 그분의 뜻이 결국 선하게 드러날 것임을 믿어야 합니다. 이것이 섭리를 향한 신앙이며, 하나님의 주권을 인정하는 경건한 자세입니다.

3. 만물이 주에게로 돌아감이라

모든 것이 하나님으로부터 나왔고 그분으로 말미암습니다. 그러므로 이제 만물은 주에게로 돌아갑니다. 이는 하나님이 단순히 만물의 '종착점'임을 의미하지 않습니다. 이것은 그분이 모든 존재의 본질적 목적이라는 의미입니다. 존재의 목적과 방향이 하나님이라면 만물의 존재 이유를 궁극적 목적지인 하나님이라고 해도 무방합니다. 하나님은 창조의 근원일 뿐만 아니라, 만물이 귀결될 궁극적인 목적지이십니다. 즉, 모든 존재의 궁극적인 목적은 하나님을 향해 있다는 의미입니다. 모든 피조물은 하나님을 위해 창조되었고, 하나님께로 향할 때 비로소 자기 존재의 참된 의미를 실현하게 됩니다. 이것은 단순한 신학적 개념을 넘어, 모든 인간 존재와 행위의 방향성을 규정하는 진리입니다. 로마서 11장 36절에서 '~에게로'라고 표현된 헬라어 '에이스'는 '~을 위하여'라는 의미로도 해석될 수 있습니다. 그래서 공동번역 등 다른 번역에서는 하나님에게로라고 번역하지 않고 '하나님을 위하여'로 번역했습니다.

모든 것은 그분에게서 나오고 그분으로 말미암고 그분을 위하여 있습니다. 영원토록 영광을 그분께 드립니다. 아멘. [공동번역]

만물이 그에게서 나고, 그로 말미암아 있고, 그를 위하여 있습니다. 그에게 영광이 세세에 있기를 빕니다. 아멘. [새번역]

만물이 다 그분에 의해서 창조되었고 그분을 통해서 생동하며 그분을 위해 존재합니다. 하나님께 길이길이 영광을 돌립시다. 아멘. [현대인번역]

만물은 하나님의 영광을 위해 존재하며, 최종적으로 하나님의 완전한 통치 아래 놓이게 될 것입니다. 성경은 모든 존재의 의미와 목적이 하나님께 있음을 선포합니다. 그렇기에 우리의 삶의 모든 방향 또한 '하나님께로', 그리고 '하나님을 위하여'로 정리되어야 합니다. 만물의 창조 목적은 하나님입니다. 그러므로 우리의 삶 또한 하나님의 영광을 위한 것이 되어야 합니다.

만물이 그에게서 창조되되 하늘과 땅에서 보이는 것들과 보이지 않는 것들과 혹은 왕권들이나 주권들이나 통치자들이나 권세들이나 만물이 다 그로 말미암고 그를 위하여 창조되었고 (골로새서 1:16)

그런즉 너희가 먹든지 마시든지 무엇을 하든지 다 하나님의 영광을 위하여 하라 (고린도전서 10:31)

4. 그에게 영광이 세세에 있을지어다

모든 것은 주님에게서 나오고, 주님으로 말미암아 존재하며, 궁극적으로 주님께로 돌아갑니다. 하나님은 만물의 근원이시며, 모든 것을 주관하시고 다스리십니다. 이 놀라운 진리를 깨달은 사도 바울은 그 깊은 감격 속에서 "그에게 영광이 세세에 있을지어다. 아멘"이라고 고백하며 찬양을 올립니다.

바울의 찬양은 어떤 개인적 성취나 기도의 응답, 문제의 해결, 소원의 성취 때문이 아니었습니다. 물론 그러한 일들도 기쁨과 감사의 이유가 될 수 있습니다. 하지만 바울이 찬양한 근본 이유는 바로 하나님 자신이었습니다. 하나님은 만물의 근원이시며, 만물이 그분으로 인해 보존되며, 만물이 그분을 위해 존재하기 때문입니다. 바울은 이 우주의 질서와 존재의 목적이 하나님 안에 있음을 깨달았습니다. 때문에 그 사실 자체로 깊은 감격을 느끼며 하나님을 찬양하지 않을 수 없었습니다.

저는 이처럼 근원적인 이유에 기반한 찬양이 풍성해져야 한다고 생각합니다. 이것이야말로 가장 순수하고 바람직한 찬양의 이유이기 때문입니다. 하나님 그분 자체가 찬양과 경배의 이유가 되고, 하나님의 통치 자체가 감사의 이유가 되며, 하나님이 우리의 삶의 궁극적 목적이 되는 것으로 감격할 수 있는 신자가 되기를 소망합니다.

만물이 주에게서 나오고 주로 말미암고 주에게로 돌아감이라!
그에게 영광이 세세에 있을지어다! 아멘!

제4장 그러므로

●

그러므로 형제들아 내가 하나님의 모든 자비하심으로 너
희를 권하노니 너희 몸을 하나님이 기뻐하시는 거룩한 산
제물로 드리라 이는 너희가 드릴 영적 예배니라 (로마서 12:1)

1. 다시 율법으로?

앞서 로마서는 크게 두 부분으로 나누어져 있다고 설명했습니
다. 크게 1~11장, 그리고 12~16장 이렇게 두 부분입니다. 전반부
는 이론적인 것을, 후반부는 실천적 삶을 다룹니다. 물론 이런 구
분이 항상 명확지는 않습니다. 하지만 로마서를 이론과 실제, 이렇
게 두 부분으로 나누어 구분하는 것은 로마서를 전체적으로 이해

하는 데 도움이 됩니다.

바울은 전반부에서 우리의 구원이 율법의 순종이나 인간의 노력으로 이뤄지는 것이 아니라고 했습니다. 그는 구원이 하나님의 전적이고 주권적인 은혜라는 사실을 집중적으로 논증합니다. 그 후, 바울은 그리스도인으로서 어떻게 살아야 하는지에 관한 문제를 전반적으로 다룹니다. 이런 흐름 속에서 로마서 12장 1~2절을 이해하는 것은 매우 중요합니다.

바울은 로마서 12장부터 그리스도인의 실천적 삶의 모습을 다룹니다. 이런 실천적 삶의 지침은 복음과 구원에 대한 바른 이해 없이는 제대로 이해하기 어렵습니다. 잘못하면 바울이 거부하려고 애썼던 율법주의적 삶으로 다시 돌아가는 결과를 낳을 수도 있기 때문입니다. 복음을 제대로 알지 못한 상태에서 실천적 권면을 듣게 된다면 어떻게 될까요? 그 권면은 다시 율법적 규율이 되어 우리를 옭아맬 수 있습니다. 율법주의로 회귀하여 예수 그리스도가 이룬 십자가의 은혜를 폐해서는 안 됩니다. 그러므로 로마서 12장 1~2절을 통해서 이론과 삶이 어떻게 연결되는지 이해하는 것은 매우 중요합니다.

로마서 12장 1~2절은 로마서의 전반부와 후반부를 이어주는 핵심 부분입니다. 특별히 1절 초반부를 살피면서 우리가 집중해야 하는 하나님의 뜻이 무엇인지 확인해 봅시다.

2. 그러므로

한글 성경 본문은 "그러므로"로 시작하지만, 사실 헬라어 원문에는 "너희를 권하노니"가 먼저 나옵니다. 이 부분에 대해서는 뒤에서 더 자세히 살펴보기로 하고 여기서는 한글 성경의 순서대로 논의를 진행하도록 하겠습니다.

로마서의 후반부에서 그리스도인의 삶을 다루기 시작하며 사용하는 접속사 "그러므로"는 앞서 설명한 이론적 배경과 이어질 실천적 부분이 긴밀하게 연결되어 있음을 분명히 보여줍니다. 이제 "그러므로"라는 표현을 통해 구원받은 그리스도인이 받은 구원을 근거로 어떤 삶을 살아가야 하는지 확인해 봅시다.

(1) 복음을 알아야 함

우리가 그리스도인답게 살기 위해서는 먼저 복음의 핵심을 올바르게 이해해야 합니다. 자신이 무엇을 믿는지 명확히 알지 못한다면, 그 믿음에 따른 삶을 살아갈 수 없기 때문입니다. 최근 한국 교회에서 나타나는 큰 문제 중 하나가 바로 이 부분입니다. 즉, 신학과 실천의 괴리입니다. 이론적 이해 없이 실천적인 면만 강조하다 보니 여러 문제가 발생하고 있습니다. 올바른 이론적 배경 없이 행동만을 강조하게 되면 어떻게 될까요? 우리의 신앙생활은 잘못된 방향으로 나아가기 쉽습니다.

기도를 예로 들어 생각해 봅시다. 많은 교회가 더 많이, 더 길게 기도할 것을 강조합니다. 물론 기도에 대한 열정과 헌신은 한국 교회를 이끌어가는 중요한 원동력입니다. 하지만 기도가 무엇인지 제대로 이해하지 못한 상태에서 강조되는 기도 행위를 우리는 경계해야 합니다. 이런 기도는 이방인의 잘못된 기도행태를 답습할 가능성이 큽니다. 이방인들은 주로 무엇을 기도할까요? 그들은 무엇을 먹고 마시고 입을지에 대한 기도, 즉 물질적인 기도에 집중합니다. 그들의 기도는 자신의 삶을 유지하려는 방편에만 함몰된 것입니다. 하지만 신자의 기도는 이방인 것과는 달라야 합니다. 구원받은 신자는 하나님 자녀입니다. 하나님의 자녀는 하나님의 자녀답게 기도해야 합니다. 그리고 그 자녀의 필요를 가장 잘 아시는 분은 아버지인 하나님이십니다. 하나님은 자녀들에게 있어야 할 것이 무엇인지 알고 계시고, 그것을 공급하시기 기뻐하시는 분이십니다.

31 그러므로 염려하여 이르기를 무엇을 먹을까 무엇을 마실까 무엇을 입을까 하지 말라 32 이는 다 이방인들이 구하는 것이라 너희 하늘 아버지께서 이 모든 것이 너희에게 있어야 할 줄을 아시느니라 (마태복음 6:31~32)

여러분에게는 이러한 믿음이 있습니까? 진정으로 우리에게 이러한 믿음이 있다면 우리의 기도는 이방인의 기도와 다를 것입니다. 구원받은 신자는 더 이상 이방인들과 같이 세상적인 기도에 몰두하지 않을 것입니다.

많은 성도가 기도를 '대화'라고 이해하고 있습니다. 하지만 실제 기도의 현장에서 우리는 하나님과 대화하고 있습니까? 사실 많은 기도는 대화보다 일방적인 간구나 부르짖음으로 그칠 때가 많습니다. 이는 기도에 대해 제대로 배우지 못한 까닭이 큽니다. 그러므로 우리는 진정한 기도의 의미가 무엇인지 다시금 생각해 보아야만 합니다. 기도는 하나님과의 긴밀한 대화입니다. 우리는 이 대화를 통해 하나님과 친밀해지며, 깊은 관계로 나아갈 수 있습니다. 우리의 기도는 단순히 소원을 아뢰는 것을 넘어서 교제로 나아가야 합니다. 기도는 우리를 지으시고 사랑하시는 하나님과 마음을 나누는 시간입니다. 우리가 우리의 생각과 감정을 솔직하게 아뢰는 것처럼, 하나님 또한 성경 말씀과 성령의 감동을 통해 우리에게 말씀하십니다. 기도는 우리가 고백하고, 감사하고, 찬양하고, 나아가 묵상하며 그분의 임재를 느끼는 총체적인 교제의 행위입니다. 그러므로 기도를 제대로 이해할 때 기도는 단순한 종교 행위가 아닌 우리의 삶이 될 수 있습니다.

예배도 마찬가지입니다. 목회 현장에서 저는 예배에 대한 성도들의 이해가 부족하다고 느낀 적이 많습니다. 예배의 현장에서, 우리는 '예배에 목숨을 걸라!'와 같은 구호를 흔히 듣습니다. 하지만 무조건 목숨을 거는 것이 능사일까요? 안타깝게도 예배가 무엇인지에 대한 제대로 된 이해 없이 열심만을 강조하는 경우가 비일비재합니다. 예배에서 영성과 뜨거운 열정은 분명 중요하지만, 그에 대한 이해를 추구하는 지혜가 부족한 것도 현실입니다. 이러한 불균형은 결국 헛된 열심을 양산하고, 그러한 열심이 부족한 사람들을 정죄하는 안타까운 결과를 낳을 뿐입니다. 그저 열심히 기도하고, 단순히 뜨겁게 예배드린다고 해서 하나님이 기뻐하시는 것은 아닙니다. 오히려 하나님의 뜻이 무엇인지를 제대로, 그리고 깊이 이해하고 깨닫는 것이 훨씬 더 중요합니다. 그래서 로마서 12장 2절에서는 하나님의 뜻이 무엇인지 분별할 것을 도전합니다.

> 너희는 이 세대를 본받지 말고 오직 마음을 새롭게 함으로 변화를 받아 하나님의 선하시고 기뻐하시고 온전하신 뜻이 무엇인지 분별하도록 하라 (로마서 12:2)

이처럼, 무조건적인 열심보다는 제대로 된 분별이 중요합니다. 단순히 열심만을 쫓는 삶을 넘어, 하나님의 뜻을 깊이 이해하고 분별해야만 우리는 하나님의 백성으로 온전히 살아갈 수 있습니다. 우리의 행위, 즉 율법을 지키는 것으로는 구원받을 수 없다는 사실을 분명히 깨달아야 합니다. 구원은 우리가 무엇을 행했기 때문이 아니라, 하나님이 주시는 믿음을 통해서만 받을 수 있는 선물입니다. 믿음으로 구원받는다는 복음의 핵심을 제대로 이해하고 있습니까? 그렇지 않다면 그리스도인답게 살아가는 것은 불가능합니다.

믿음으로만 구원을 받는다는 이 진리는 어떤 면에서는 부족해 보이기도 합니다. 얼핏 이 진리가 우리의 열심을 도외시하는 것처럼 느껴지기 때문입니다. 사람들은 '이신칭의' 교리가 나태한 그리스도인을 양산하는 것은 아닌지 걱정하기도 합니다. 오히려 구원을 위해 열심히 살아야 한다고 강조하는 것이 더 설득력 있고, 목회에도 더 도움이 될 수 있을 것 같습니다. 구원을 위해서 예배도 참석하고 기도도 열심히 하고 헌금도 하라고 하면 사람들이 얼마나 열심히 신앙생활을 하겠습니까? 하지만 믿음보다 행위를 강조한 결과는 무엇입니까? 예수님 당시 바리새인과 같은 종교 지도자들과 같은 모습입니다. 그들은 누구보다도 열심을 다해 하나님을 섬겼습니다. 율법을 강조하며 그것을 지키기 위해 몸부림쳤습니다. 예수님조차 그들의 열심을 인정하실 정도였습니다. 그들의 이런 열심은 율법에 대한 제대로 된 이해로부터 나온 것입니까? 아닙니다. 그들은 하나님을 제대로 알지 못했고, 율법의 근본 정신을 이해하지 못했습니다. 인간의 노력과 행위를 강조했던 바리새인과 같은 종교 지도자들의 타락은 어디에서 온 것입니까? 이 모두가 결국 잘못된 성경 이해에서 비롯된 것입니다. 그들은 바울이 로마서 1~11장에서 설명했던 복음의 핵심을 알지 못했습니다.

복음을 올바로 이해하지 못한 채 열심만 앞설 때 반드시 나타나는 치명적인 결과가 있습니다. 바로 율법주의입니다. 이는 비단 예수님 당시의 바리새인들에게만 해당하는 이야기가 아닙니다. 그 이후의 역사를 보십시오. 예수 그리스도를 따르며 복음에서 출발하였으나, 결국 율법으로 돌아가 실족하는 일이 너무도 많습니다. 교회의 역사는 우리에게 이 안타까운 일이 끊임없이 반복되고 있음을 보여줍니다.

대표적인 예가 바로 중세 교회의 타락입니다. 그들은 하나님의 은혜를 강조하는 복음의 핵심에서 멀어져, 점차 행위와 형식적인 예식, 겉모습에만 치중하기 시작했습니다. 그 과정에서 신앙의 본질은 점차 흐려지고 사라졌습니다. 화려한 예배당과 막강한 사제의 권위가 하늘을 찔렀을 때, 정작 복음은 빛을 잃고 율법과 인간의 행위가 교회를 지배하게 되었습니다. 하나님의 은혜가 사라진 자리를 인간의 열심과 공로가 대신하게 된 것입니다. 이러한 율법주의는 어떤 결과를 낳았습니까? 결국 신자들의 영적 활력을 잃게 만들고, 참된 기쁨과 자유를 앗아가는 결과를 초래했습니다.

그렇다면 우리는 어떻게 해야 율법주의의 함정에 빠지지 않을 수 있을까요? 해답은 명확합니다. 유일한 길은 율법이 아니라 예수님의 십자가이며, 인간의 행위가 아니라 믿음이라는 복음의 진리를 제대로 이해하는 것입니다. 이 진리를 마음에 새길 때, 우리는 더 이상 율법의 정죄함 아래 놓이지 않을 것입니다. 또한, 사랑과 기쁨으로 하나님을 섬기는 삶을 살게 될 것입니다.

로마서 12장부터 시작되는 실천적인 내용들은 구원받기 위한 행위를 말하는 것이 아닙니다. 이 부분이 설명하고 있는 것은 이미 구원받은 성도들이 마땅히 지녀야 할 삶의 태도입니다. 우리의 구원은 우리의 행위나 우리의 어떤 노력에 달려 있지 않습니다. 우리가 노력해서 얻는 대가는 그저 마땅히 받아야 할 '삯'입니다. 하지만 구원은 값없이 주시는 하나님의 은혜이며 하나님의 선물입니다. 아무런 자격 없는 자에게 주어지는 것이기에 이 구원이 우리에게 감격이 되고 진정한 기쁨이 되는 것입니다. 그리고 이 은혜로 구원을 얻은 자들, 즉 구원이 무엇인지 올바르게 이해한 사람들은 율법적인 명령이 아닌 은혜의 권면을 따르며 살아가게 됩니다. 실제로 바울은 1절에서 "권면"이라는 표현을 사용하고 있으며, 이 부분은 이후에 더 자세히 살펴볼 것입니다.

앞서, 복음에 대한 제대로 된 이해 없이 열정만 앞설 때, 율법주의라는 부작용이 나타날 수 있다고 설명했습니다. 잘못된 이해에 따르는 부작용은 이뿐만이 아닙니다. 신자의 삶은 율법주의와 상반되는 방종(放縱)과 나태함으로 흐를 수도 있습니다. 이는 '구원은 은혜로 받는 것이며 우리의 행위가 아니라 믿음으로 얻는 것'이라는 진리를 왜곡하거나 얄팍하게 이해할 때 나타날 수 있는 현상입니다. 무조건적인 은혜를 잘못 이해하면 삶의 거룩과 헌신을 경시하기 쉽습니다. 즉, 다음과 같은 오해를 하게 되는 것입니다.

"이제 구원받았는데 막 살아도 되는 거 아닌가?"
"어차피 천국 가게 된 거 너무 열심히 안 해도 되는 거 아닌가?"

한국교회가 세상으로부터 지탄받는 이유가 이런 태도 때문 아닙니까? 이것은 복음과 구원에 대해 수박 겉핥기식 이해만 추구한 결과입니다. 잘못된 복음이 온전한 삶이 없는, 경건의 모습이 없는 반율법주의적 신자들을 얼마나 많이 양산했습니까? 그것은 값싼 은혜를 조장하며, 진정한 헌신과 경건의 삶을 상실하게 했습니다. 그러나 복음을 제대로 알고 구원의 감격을 참으로 누리는 자는 결코 아무렇게나 살 수 없습니다. 사도 바울은 은혜를 받은 자가 더 이상 죄의 종이 될 수 없음을 단호히 선언합니다.

1 그런즉 우리가 무슨 말을 하리요 은혜를 더하게 하려고 죄에 거하

겠느냐 2 그럴 수 없느니라 죄에 대하여 죽은 우리가 어찌 그 가운
데 더 살리요 (로마서 6:1~2)

　은혜의 복음은 나태함이나 방종을 허용하지 않습니다. 오히려
그 은혜는 성도를 거룩과 헌신으로 이끌고, 하나님께 온전히 드리
는 삶을 살도록 합니다. 복음을 누구보다도 깊이 이해했던 사도 바
울의 삶이 그 증거입니다. 그는 복음을 깨닫기 전에도 열심으로 가
득 찬 사람이었습니다. 그는 누가 시키지도 않았는데 예수 믿는 자
들을 잡아 가두려고 사방을 돌아다닐 정도로 열심이 가득한 사람
이었습니다. 이처럼 율법에서 비롯한 열정이 가득한 사람이 은혜
를 경험하면 어떻게 될까요? 방종하고 나태한 삶을 살게 될까요?
절대 그렇지 않습니다. 다메섹 도상에서 주님을 만난 이후에도 사
도 바울의 열정과 열심은 조금도 사그라들지 않았습니다. 다만 방
향성이 바뀌었을 뿐입니다. 변화 이후, 그는 그 누구보다도 열심히
하나님 나라를 위해 수고하고 헌신했습니다. 바울의 삶에는 은혜
를 값싼 것으로 만드는 방종이나 나태가 자리할 틈이 없었습니다.

　그러나 내가 나 된 것은 하나님의 은혜로 된 것이니, 내게 주신 그
의 은혜가 헛되지 아니하여 내가 모든 사도보다 더 많이 수고하였
으나, 내가 한 것이 아니요 오직 나와 함께하신 하나님의 은혜로라
(고린도전서 15:10)

신앙생활은 아는 만큼 할 수 있습니다. 믿음이란 무엇입니까? 믿음은 단순히 막연한 기대나 감정이 아니라 아는 것입니다. 하나님이 어떤 분이신지, 그분의 뜻이 무엇인지 아는 것이 바로 믿음입니다. 그리고 이 아는 것은 단순한 지적 동의나 머릿속의 지식에서 그치지 않습니다. 진정한 지식은 반드시 행동으로 이어집니다. 사람은 아는 만큼 믿고, 믿는 만큼 행동하게 됩니다. 어떤 사실을 분명히 알고 받아들였을 때, 그에 따른 반응이 나타나는 것은 자연스러운 현상입니다.

예를 들어, 건강검진에서 치명적인 병에 걸렸다는 진단을 받았다고 해봅시다. 여러분은 어떻게 하시겠습니까? 당연히 병원에 가서 치료받으려 애쓸 것이며, 식단을 조절하고 운동하는 등 병을 이기기 위해 온갖 노력을 다할 것입니다. 우리가 당장 병원에 가지 않는 이유는 병이 없거나 아직 병이 있다는 사실을 모르기 때문입니다. 병이 있다는 것을 안다면, 누구도 가만히 있지 않을 것입니다. 믿음의 문제 또한 마찬가지입니다. 믿음은 미지의 어떤 것을 막연히 붙드는 것이 아닙니다. 그것은 곧 진리를 알고 깨닫는 것입니다. 그리고 그 깨달음은 우리의 삶에서 분명한 반응, 즉 실천으로 나타납니다. 그러므로 복음을 제대로 안다면 반드시 삶이 따라야 합니다. 이는 자연스럽게 하나님을 위하고 그분의 뜻을 따르고자 하는 삶의 모습으로 나타납니다. 물론 진리를 깨달았다고 해서,

하나님의 뜻에 합당한 삶을 온전히 사는 것은 어렵습니다. 우리 안에는 여전히 죄의 본성이 남아있기 때문입니다. 때로는 넘어지고 실패할 수도 있습니다. 그러나 낙심할 필요는 없습니다. 하나님께서는 우리의 연약함을 아시고 도우시는 분이시기 때문입니다. 이처럼, 연약할지라도 참된 복음을 깨달은 사람에게는 반드시 삶에 나타나는 모습이 있습니다. 바로 그 복음이 요구하는 대로 살고자 하는 몸부림입니다. 여러분의 삶에는 그러한 몸부림이 있습니까? 진리를 깨달은 사람은 이러한 삶이 가장 복되다는 것을 알고, 그렇게 살아가려 애쓰는 사람입니다. 그것이 진정 자신에게 복된 길임을 확신하는 '앎'이 있기 때문입니다.

로마서의 전반부에서 복음과 구원의 진리를 상세히 설명하는 이유가 여기에 있습니다. 올바른 삶은 올바른 이해에서 출발하기 때문입니다. 단순히 열심을 내는 것으로는 부족합니다. 왜 그렇게 살아야 하는지, 하나님이 무엇을 원하시는지를 분명히 아는 것이 선행되어야 합니다. 하나님 뜻을 바로 이해하지 못하고 행하는 모든 신앙적 열심은 하나님을 위한 것이 아닙니다. 이런 율법주의적 행위는 결국 자신을 위한 것으로 변질될 수 있으며, 심지어 하나님을 대적하는 결과로 이어질 수도 있습니다. 그러므로 주의하십시오. 우리는 자신의 신앙 수준을 끊임없이 점검해야 합니다.

"나는 복음과 구원에 대해 바르게 이해하고 있는가?"

"내 지식은 머리로만 아는 지식인가? 영혼을 움직이는 지식인가?"

과거에 알았던 것, 과거에 경험했던 은혜와 감격에 안주해서는 안 됩니다. 과거의 은혜와 깨달음이 오늘의 신앙을 보장하지 않습니다. 우리는 오늘의 은혜, 오늘의 깨달음, 오늘의 믿음으로 살아가야 합니다.

(2) 구원의 감격으로

이제 이론과 실제의 관계를 조금 더 자세히 살펴보겠습니다. 앞서, 참된 그리스도인으로 살기 위해 구원을 제대로 이해하는 것이 중요하다고 설명했습니다. 우리의 이해는 단순한 지식적 동의에서 그쳐서는 안 됩니다. 로마서 12장부터 이어지는 바울의 권면은 수학 공식처럼 무미건조한 교리 설명에 근거한 것이 아닙니다.

로마서 전반부에서 하나님의 위대한 구원 계획을 설명한 바울은 후반부인 11장 33절부터 하나님의 지혜와 은혜, 주권에 감격하며 찬양을 올립니다.

33 깊도다 하나님의 지혜와 지식의 풍성함이여, 그의 판단은 헤아리지 못할 것이며 그의 길은 찾지 못할 것이로다 34 누가 주의 마음을 알았느냐 누가 그의 모사가 되었느냐 35 누가 주께 먼저 드려서 갚으심을 받겠느냐 36 이는 만물이 주에게서 나오고 주로 말미암고 주에게로 돌아감이라 그에게 영광이 세세에 있을지어다 아멘(로마서 11:33~36)

이 찬양은 단순한 부록이 아닙니다. 바울에게 교리는 경배와 분리될 수 없는 것이었습니다. 참된 교리 이해는 반드시 하나님을 향한 찬양으로 이어지기 마련이기 때문입니다. 구원 교리는 무미건조한 지식이 아니라 영혼을 울리는 진리입니다. 이방인과 유대인을 향한 하나님의 구원 계획과 지혜를 설명하며, 바울은 "오, 깊도다!"라고 감탄을 터뜨립니다. 바울은 이는 구원과 은혜의 복음, 그리고 예수 그리스도 십자가와 하나님의 사랑을 설명하면서 바울 자신이 감동한 까닭입니다. 사실 로마서 11장 33~36절이 없어도 로마서의 흐름에는 전혀 문제가 없습니다. 하지만 바울은 감격과 찬양으로 11장을 마무리하고 있습니다. 왜일까요? 흔히 교리라고 하면 감격과 찬양과는 어울리지 않는 딱딱하고 지루한 이미지가 떠오릅니다. 하지만 이것은 커다란 오해입니다. 바울에게 구원의 교리는 결코 딱딱하고 지루한 것이 아니었습니다. 그것은 구원이 인간의 노력과 행위가 아닌 오직 은혜로 이루어진다는 하나님의 위대한 선언이었습니다. 이 위대한 감격과 은혜의 서사를 밋밋하게 설명하고 넘어갈 수 있겠습니까? 바울은 특별히 이방인과 유대인을 구원하시는 하나님의 계획과 일하심, 그리고 그분의 지혜를 깊이 깨달았습니다. 이 위대한 진리 앞에 '오, 깊도다!'라고 찬양하는 것은 지극히 당연한 반응이었습니다.

바울은 구원을 강의하듯이 딱딱하게 설명하려는 것이 아닙니다. 복음은 단순한 이론이 아니기 때문입니다. 물론 이론적으로도 알아야 합니다. 제대로 알아야만 우리는 좀 더 힘있게 신앙생활을 할 수 있습니다. 여기서 기억해야 할 것이 있습니다. 우리가 알아야 할 지식은 기계에 딸려 오는 설명서처럼 무미건조한 것이 아니라는 점입니다. 복음의 진리는 들을수록 흥미롭고, 깨달을수록 놀랍고 감격스러운 것입니다. 그것은 '오, 깊도다!'라는 감탄이 절로 흘러나올 수밖에 없는 놀라운 사랑의 대 서사시이며, 하나님의 경륜과 지혜가 담긴 한편의 영웅시와도 같습니다.

이렇게 바울은 감격 속에서 "그러므로"라고 다시 이야기를 시작합니다. 넓게는 1장부터 11장까지 설명했던 구원에 대한 '그러므로'이고, 좁게는 로마서 11장 33절부터 하나님의 구원에 대한 지혜에 감격하는 '그러므로'입니다. 구원에 대해 이해하는 것은 매우 중요합니다. 하지만 그 이해를 넘어선 감격과 감동이 없다면 복음을 위해 살 수 없습니다. 단순히 지옥이나 하나님의 심판이 두려워 순종한다면 그 얼마나 슬프고 불쌍한 일입니까? 구원의 깊은 뜻을 이해한 사람은 그럴 수 없습니다. 그는 단순한 지식적 이해를 넘어 기쁨과 감격으로 순종의 삶을 살 것입니다. 그러므로 이후에 살펴볼 '너희 몸을 거룩한 산 제물로 드리라'(로마서 12:1)는 말은 아무나 할 수 있는 순종이 아닙니다.

여러분의 신앙을 점검해 보십시오. 여러분은 구원에 대해서, 하나님의 은혜에 대해서 얼마나 이해하고 계십니까? 하나님의 위대한 구원 계획에 대해서 깊이 깨닫고 계십니까? 그런 사람이라면 그 위대하신 하나님의 지혜에 자연스럽게 감격하게 될 것입니다. 그러한 감격을 경험한 성도는 결코 무덤덤하게 살아갈 수 없습니다. 신앙생활을 감정적으로 하라는 것이 아닙니다. 복음을 위한 삶은 기분에 따라 좌지우지되는 감정적인 삶이 아닙니다. 그 삶은 감격과 감동이 있는 삶입니다. 그리스도인답게 사는 사람은 복음에 대해 다 안다고 생각하는 머리만 자란 사람이 아닙니다. 그는 복음에 대한 깊은 감격이 있는 사람입니다. 십자가의 은혜를 아는 사람이 바로 그리스도인입니다.

복음은 이론이나 지식에 머물지 않습니다. 복음은 감격과 감사, 하나님을 향한 경배를 불러일으키는 능력입니다. 엠마오로 가던 두 제자에게 예수께서는 성경을 자세히 설명해 주셨습니다.

25 이르시되 미련하고 선지자들이 말한 모든 것을 마음에 더디 믿는 자들이여 26 그리스도가 이런 고난을 받고 자기의 영광에 들어가야 할 것이 아니냐 하시고 27 이에 모세와 모든 선지자의 글로 시작하여 모든 성경에 쓴 바 자기에 관한 것을 자세히 설명하시니라 (누가복음 24:25~27)

그리스도의 죽음과 부활에 대해서 이해하지 못하고 있는 제자들에게 예수님은 성경을 풀어주셨습니다. 그들이 이해할 수 있도록 자세히 설명하신 것입니다. 예수님의 도움으로 진리를 깨달았을 때, 제자들의 반응은 어떠했습니까? 그들의 마음은 즉각적으로 뜨거워졌습니다.

그들이 서로 말하되 길에서 우리에게 말씀하시고 우리에게 성경을 풀어 주실 때에 우리 속에서 마음이 뜨겁지 아니하더냐 하고 (누가복음 24:32)

그렇습니다. 말씀을 깨닫고 하나님의 구원 계획에 대해서 알게 되었을 때 그들의 마음은 뜨겁게 되었습니다. 이 뜨거움이 우리에게도 필요합니다. 어떻게 죄의 문제가 해결되고 죽음에서 영원한 생명으로 옮겨지는 은혜를 깨닫고도 무덤덤할 수 있겠습니까? 여러분은 사망에서 생명으로 변화되는 과정을 깨닫고 경험하셨습니까? 그렇다면 어찌 밋밋하게 신앙 생활할 수 있겠습니까. 우리의 행위가 아니라 하나님의 은혜로 구원을 받는다니 이 얼마나 복되고 아름다운 소식입니까? 이 놀라운 사건 앞에서 어떻게 감격하지 않을 수 있습니까. 감히 그럴 수 없습니다. 우리가 알고, 듣고 있는 복음은 이런 것입니다. 머리로만 동의하고 덤덤하게 넘어갈 수 있는, 그런 시시한 사건이 아닙니다. 우리는 이 복음에 감격하면서 하나님을 찬양해야 합니다. 말씀에는 능력이 있습니다. 말씀을 제대로 깨달은 사람은 수동적으로 가만히 있을 수 없습니다. 하나님의 말씀은 살았고 활력이 있어 사람을 변화시키기 때문입니다.

하나님의 말씀은 살아 있고 활력이 있어 좌우에 날선 어떤 검보다도 예리하여 혼과 영과 및 관절과 골수를 찔러 쪼개기까지 하며 또 마음의 생각과 뜻을 판단하나니 (히브리서 4:12)

날마다 우리는 진리의 말씀 앞에 서야 합니다. 그 말씀이 우리를 살리고 세우고 변화시킵니다. 하나님의 말씀은 단순한 깨달음으로 그치지 않고, 삶을 찌르고 쪼개며 하나님 뜻에 합당한 모습으로 빚어가는 능력입니다.

하나님의 자녀답게 살아가는 비결은 이미 우리에게 주어졌습니다. 바로 그 위대한 말씀을 깨달아 아는 것입니다. 그리고 그 깨달은 말씀으로 인해 날마다 감격하는 것입니다. 혹시 그 감격과 감동을 잃어버렸다면 다시 십자가의 복음으로 돌아가야 합니다. 말씀 앞에 다시 집중하면서 마음을 새롭게 해야 합니다. 그렇지 않으면 우리는 하나님의 능력의 통로가 되지 못할 것입니다.

> 그러므로 어디서 떨어졌는지를 생각하고 회개하여 처음 행위를 가지라 만일 그리하지 아니하고 회개하지 아니하면 내가 네게 가서 네 촛대를 그 자리에서 옮기리라 (요한계시록 2:5)

과거의 은혜에 안주하며 오늘의 믿음을 속이지 마십시오. 오늘 복음에 감격하지 않는다면, 반드시 어디서 떨어졌는지 점검해야 합니다. 그리고 구원의 감격을 회복해 달라고 간구해야 합니다. 복음은 언제나 오늘 우리를 살리며, 새롭게 하며, 하나님께 영광을 돌리게 하는 능력입니다.

(3) 구원받은 자녀라면

또한 바울은 '그러므로'로 시작하여 구원에 대한 앎과 감격을 지닌 신자가 살아가야 할 '실천적 삶'을 논합니다. 이는 너무나 당연하고 뻔하지만, 우리가 잊지 말아야 할 기본입니다.

바울은 로마서 11장까지 복음과 구원을 논리적으로 잘 설명했습니다. 이렇게 체계적인 설명을 마친 바울은 11장에서 로마서를 마무리하지 않습니다. 그는 멈추지 않고 12~16장을 써 내려갑니다. 앞서 제대로 된 신앙생활을 위해서 이론적인 이해가 필요하다고 말씀드렸습니다. 마찬가지로 이론을 제대로 깨달은 사람은 당연히 그 이론을 삶에 적용하며 살게 되어있습니다. 복음의 은혜를 깨닫고 구원의 감격을 경험한 사람은 자신의 삶을 하나님을 위해 헌신합니다. 지극히 당연한 결과입니다. 만약 이런 헌신의 마음이 없다면 어떻게 해야 할까요? 복음을 제대로 이해하고 있는지 다시 점검해야 합니다. 여전히 나를 위해 살고 싶고, 삶의 주인이 자신이 되어서 살아가고 있지는 않습니까? 솔직하게 돌아보십시오. 만일 그렇다면 여러분의 복음과 구원에 관한 이해에는 분명 문제가 있습니다. 제대로 알고 있는 사람에게는 올바른 삶이 나오게 되어있기 때문입니다. 물론 완벽할 수는 없습니다. 그러나 하나님을 위해 살고 싶은 열망과 몸부림은 반드시 있어야 합니다. 그 열망과 몸부림이 없다면 심각하게 의심해 봐야 합니다. 복음을 제대로 이해하고 그에 대한 감격이 있는 사람은 복음을 위해서, 하나님을 위해서 살고자 자신의 모든 것을 내어놓습니다. 살펴보게 될 로마서 12장 1절 후반부에서도 "너희의 몸을 드리라"고 말합니다. 우리의 모든 것을 하나님께 드리라는 의미입니다. 사실 바울은 이미 앞에서 이런 부분을 계속 강조했습니다.

> 12 그러므로 너희는 죄가 너희 죽을 몸을 지배하지 못하게 하여 몸의 사욕에 순종하지 말고 13 또한 너희 지체를 불의의 무기로 죄에게 내주지 말고 오직 너희 자신을 죽은 자 가운데서 다시 살아난 자같이 하나님께 드리며 너희 지체를 의의 무기로 하나님께 드리라 (로마서 6:12~13)

> 12 그러므로 형제들아 우리가 빚진 자로되 육신에게 져서 육신대로 살 것이 아니니라 13 너희가 육신대로 살면 반드시 죽을 것이로되 영으로써 몸의 행실을 죽이면 살리니 (로마서 8:12~13)

우리의 몸을 드리는 것이 우리가 드려야 할 영적 예배입니다. 여기서 말하는 "영적"이라는 단어는 "합리적"이라고 번역될 수 있습니다. 표준새번역은 "이것이 여러분이 드릴 합당한 예배입니다"로 KJV는 "which is your reasonable service"로 YLT는 "acceptable to God-your intelligent service"로 번역했습니다. 또한, 공동번역에서는 "그것이 여러분이 드릴 진정한 예배입니다"라고 번역했습니다. 나중에 더 자세히 살펴보겠지만, 이는 우리가 우리의 삶을 드리는 것이 매우 합리적이고 당연하다는 의미입니다.

여러분은 복음에 대해서 얼마나 이해하고 있습니까? 여전히 복음을 제대로 이해하지 못하고 있다면 다시 우리의 삶을 점검해야 합니다. 자신이 복음을 제대로 이해하고 있는지 아닌지도 모르겠다면 어떻게 해야 할까요? 답은 간단합니다. 내가 복음이 원하는 삶을 살고 있는지 점검하면 됩니다. 복음을 이해한 사람은 복음을 위해서 살고 싶고 하나님의 뜻에 순종하고 싶은 마음이 가득하게 됩니다. 늘 넘어지고 부족할 때도 많을 것입니다. 그러나 복음을 생각하면 마음이 새로워지고 식었던 열정이 다시 일어나게 될 것입니다. 신앙은 아는 것에서 그쳐서는 안 됩니다. 참된 지식은 당연히 삶으로 연결되어야 합니다.

3. 이해와 실천의 동행

지금까지 살펴본 '그러므로'의 함의를 요약하면 다음과 같습니다.

첫째, 복음을 제대로 알지 못하면 그리스도인답게 살 수 없습니다. 복음에 대한 무지는 형편없는 신앙생활의 지름길입니다. 둘째, 복음의 바른 이해는 감동과 감격을 수반합니다. 무덤덤한 구원, 밋밋한 복음은 없습니다. 십자가는 우리의 가슴을 뜨겁게 하기에 충분합니다. 마지막으로 복음을 제대로 이해하는 사람은 그 복음을 따라 살게 됩니다.

결론적으로 이해와 삶은 함께 가는 것이며, 이해는 단순한 지식이 아니라 우리를 감격하게 하는 위대한 진리임을 기억해야 합니다. 이를 올바르게 깨닫는 사람은 삶으로 그 진리를 살아내게 됩니다.

'그러므로'에 이어지는 로마서 12장 1, 2절은 우리가 그리스도인답게 살아가는 데 필요한 전반적인 원리를 제시하고 있습니다. 그런 의미에서 관심을 가져야 하는 중요한 본문입니다. 계속해서 뒷부분을 살피면서 구원받은 그리스도인이 어떻게 살아야 하는지 자세히 확인해 보도록 합시다.

제5장 너희를 권하노니

●

그러므로 형제들아 내가 하나님의 모든 자비하심으로 너
희를 권하노니 너희 몸을 하나님이 기뻐하시는 거룩한 산
제물로 드리라 이는 너희가 드릴 영적 예배니라 (로마서 12:1)

앞서 설명해 드렸듯이 로마서 12장부터는 구원 이후 성도들의
삶에 대해 다루고 있습니다. 특히, 1, 2절은 성도의 실천적인 삶을
요약하여 설명하고 있습니다. 우리는 1장에서 "그러므로"라는 단
어를 통해서 11장까지의 구원에 대한 이론적 지식이 12장부터 나
오는 실천적 삶과 어떻게 밀접한 관계가 있는지를 살펴봤습니다.
이제 "형제들아"와 "내가 하나님의 모든 자비하심으로 너희를 권하
노니" 이 두 부분을 살펴보도록 하겠습니다.

1. 형제들아

본문에서 바울은 로마 성도들을 향해서 '형제들아'라고 부릅니다. 사실 바울은 지금 편지에 대상이 되는 로마 성도들을 만난 적이 없습니다. 로마서 1장 13절에 보시면 이런 사실을 알 수 있습니다.

> 형제들아 내가 여러 번 너희에게 가고자 한 것을 너희가 모르기를 원하지 아니하노니 이는 너희 중에서도 다른 이방인 중에서와 같이 열매를 맺게 하려 함이로되 지금까지 길이 막혔도다 (로마서 1:13)

바울은 로마로 가서 로마 성도들을 보고자 했습니다. 하지만 여러 사정으로 로마에 갈 수 없었던 상황이었습니다. 비록 바울은 로마 성도들을 본 적이 없지만 그들의 아름다운 믿음을 소문으로 들었습니다.

> 먼저 내가 예수 그리스도로 말미암아 너희 모든 사람에 관하여 내 하나님께 감사함은 너희 믿음이 온 세상에 전파됨이로다 (로마서 1:8)

바울은 로마에서 어렵게 신앙생활을 하는 로마 성도들의 이야기를 들었습니다. 그리고 아름다운 믿음의 소식은 바울에게 감사와 기쁨이 되었습니다.

> 먼저 내가 예수 그리스도로 말미암아 너희 모든 사람에 관하여 내 하나님께 감사함은 너희 믿음이 온 세상에 전파됨이로다 (로마서 1:8)

이 소식을 들은 바울에게는 그들의 믿음을 더욱더 견고하게 해 주고 싶은 간절한 마음이 생겨났습니다.

> 내가 너희 보기를 간절히 원하는 것은 어떤 신령한 은사를 너희에 게 나누어 주어 너희를 견고하게 하려 함이니 (로마서 1:11)

바울을 이를 위해서 로마에 있는 성도들을 방문하고 싶어 했습니다. 하지만 여러 가지 이유로 로마로 가지 못했고, 편지로써 로마 성도들의 신앙이 성장할 수 있도록 돕고 있습니다. 로마 성도들을 개인적으로 알지 못함에도, 그들에게 로마서라는 긴 편지를 써서 힘써 양육하고 있는 것입니다. 그리고 바울은 그들을 "형제"라 칭하고 있습니다. 바울은 로마 성도들을 그냥 모르는 사람들이 아니라 자신이 여전히 세워줘야 할 하나님 나라의 형제라고 여겼습니다. 그는 특별히 자신을 복음에 빚진 자라고 고백합니다. 그러한 마음이 있었기에 그는 얼굴조차 모르는 로마의 성도들을 말씀으로 섬길 수 있었습니다.

14 헬라인이나 야만인이나 지혜 있는 자나 어리석은 자에게 다 내가 빚진 자라 15 그러므로 나는 할 수 있는 대로 로마에 있는 너희에게도 복음 전하기를 원하노라 (로마서 1:14-15)

어떤 면에서 바울의 마음이 조금은 이해가 됩니다. 바울이 사는 시대가 어떤 시대입니까? 세상에 이제 막 예수 그리스도의 복음이 전파되었습니다. 그리고 유대인들과 이방인 중에서 예수를 믿는 사람들이 생겨나는 중입니다. 오순절 이후 예루살렘에서 많은 사람이 복음을 받아들이고 그리스도인이 되었지만, 여전히 기독교인들은 소수입니다. 예루살렘 박해 이후 그리스도인들은 흩어졌고, 늘 핍박받고 고통당하는 처지에서 동병상련의 감정도 느꼈을 것 같습니다. 이처럼 어려운 상황 속에서 로마 교회의 믿음에 관한 소식을 들었을 때, 바울은 어떤 마음이 들었을까요? 믿음의 소식은 그에게 커다란 기쁨이자 위안이었을 것입니다. 특히나 로마라는 지역에서 신실하게 신앙을 지켜가는 사람들의 소식이 얼마나 반가웠을까요? 일면식도 없는 로마 성도들에게 형제라고 부르며, 복음의 빚진 자를 자처했던 바울의 마음을 조금은 이해할 것 같습니다. 그는 편지로나마 말씀으로 로마 성도들을 섬기며, 그들의 믿음을 견고하게 하려고 애썼습니다.

그러므로 본문에서 바울이 로마 성도들을 향해서 "형제들아"라고 부르는 것은 오늘날 우리가 형식적으로 형제님, 자매님이라고 하는 것과는 전혀 다른 의미를 담고 있습니다. 바울이 말하는 형제라는 표현은 형식적인 것이 아닙니다. 그것은 진실한 애정과 사랑을 담은 호칭입니다. 바울은 믿음 안에서 형제라고 생각하는 로마 성도들에게 자신이 하나님께 받은 깊은 복음의 진리를 전해 주었습니다. 그리고 그들에게 그리스도인으로서 합당한 삶이 무엇인지 설명해 주려고 합니다.

당시의 상황과 바울의 언행으로 미루어 짐작해 볼 때, 우리는 사도 바울의 의도를 충분히 알 수 있습니다. 그의 권면들은 결코 성도들에게 무거운 짐을 지우려는 것이 아니었습니다. 바울은 그들에게 율법적인 의무를 강요하려는 것이 아니었습니다. 12장에 나오는 실천적인 권면들은 오히려 로마 성도들을 온전히 세우려는 바울의 깊은 사랑과 간절한 바람에서 비롯된 것임을 우리는 이해해야 합니다.

사도 바울의 마음이 이럴진대, 하나님의 마음은 어떠하시겠습니까? 하나님은 결코 우리를 옥죄고 힘들게 하시려는 분이 아니십니다. 그분은 우리에게 굴레를 씌우는 분이 아니라, 우리를 자유롭게 하고 풍성한 생명을 주시기를 원하시는 분입니다. 성도의 의무라고 우리가 흔히 여기는 것들은 결코 강제적인 율법적 요구에서 비롯된 것이 아닙니다. 그것들은 복음이 주는 감격과, 그 감격을 누리는 성도를 향한 하나님의 무한한 사랑과 깊은 관심에서 자연스럽게 흘러나오는 것입니다. 하나님은 우리가 억지로가 아닌, 사랑과 기쁨으로 그분께 반응하며 살아가는 삶을 기대하십니다.

또한 형제라는 호칭을 통해, 우리는 교회와 성도를 바라보는 바울의 관점을 알 수 있습니다. 그는 단순히 내 주변에 있는 성도와 교회만을 바라보는 사역자가 아니었습니다. 바울은 우주적인 교회, 즉 하나님 나라를 생각하는 사역자였습니다. 본문에서 알 수 있듯이, 그는 자신이 세운 교회도 아니고 일면식도 없지만, 로마 교회와 성도들을 적극적으로 도우려고 합니다. 그에게 중요한 것은 복음이었습니다. 교회를 세우고, 그 교회들이 하나님 나라에서 온전한 교회로 든든히 서가기를 기대했습니다. 그는 펜을 들고 로마 성도들에게 복음을 설명합니다. 로마 성도들이 복음을 전혀 몰랐던 것이 아닙니다. 그에게 어떤 필요를 요청한 것도 아니었습니다. 하지만 바울은 그들을 더욱더 견고한 그리스도의 용사로 길러내기 위해서 자발적 수고를 아끼지 않고 있습니다. 사실 그는 로마 성도들을 위해서 일하고 있는 것이 아니라 하나님을 위해서 일하고 있는 것입니다. 그에게는 일면식 없는 성도일지라도 그리스도 안에서 한 몸이라는 선명한 인식이 있었습니다. 자신이 복음에 빚진 자라는 분명한 정체성에 붙들려 있었기에 성실하게, 또 열정적으로 사명을 감당했던 것입니다.

이러한 바울의 태도는 오늘날 개교회만을 지향하고, 자신의 문제에만 몰두하는 성도들에게 큰 경종이 됩니다. 우리도 눈앞의 개인적인 문제에만 매몰되지 않고, 눈을 들어 하나님 나라 전체를 바라보아야 합니다. 우리가 속한 지역 교회를 넘어 우주적인 교회를 바라보며, 그 속에서 우리가 무엇을 해야 할지 깊이 고민해야 합니다. 이러한 헌신은 바울과 같이 먼저 복음을 알고 깨달은 자들의 몫입니다. 믿음이 연약한 사람들을 돌아보고 도와야 할 책임이 우리에게 있습니다. 여유 있고 큰 교회는 약하고 부족한 교회를 돕고 섬겨야 합니다. 이처럼 서로를 사랑으로 세워갈 때, 하나님 나라는 더욱 견고하게 설 것입니다.

2. 의무가 아닌 자발적 권면

두 번째 살펴볼 부분은 "내가 권하노니"입니다. 사실 원문을 보면 1절에서 가장 먼저 등장하는 단어가 바로 내가 권한다는 말입니다. 헬라어 원문은 이렇게 되어있습니다.

내가 권한다.
그러므로

너희를

형제들아

자비를 통해 / 자비 때문에 / 자비와 함께

하나님의

바울은 그리스도인으로서 어떻게 살아야 하는지에 대한 실천적 이야기를 다루면서 명령한다는 표현보다는 권면한다는 표현을 쓰고 있습니다. 바울이 이런 표현을 쓴 데에는 중요한 의미가 있습니다. 살펴보면 알 수 있듯이, 12장 이후에 나오는 내용은 권유형이 아닌 명령형입니다. 그런데 여기서 바울은 "권한다"는 표현을 쓰고 있습니다. 로마서 12장 1, 2절은 앞서 언급했던 것처럼 이후에 다뤄지는 내용의 핵심이자 요약과 같은 구절입니다. 이처럼 중요한 내용을 다루면서 바울은 왜 권한다는 표현을 사용했을까요? 그것은 뒤에 나오는 내용이 단순한 율법적 의무와 강제조항이 아니라는 뜻입니다. 우리는 바울의 권한다는 표현을 통해 구원받은 그리스도인의 삶이 자연스럽게 성숙해 간다는 것을 알 수 있습니다.

구원받은 그리스도인으로 살아가야 하는 삶은 강제적이지 않습니다. 성도의 거룩한 삶은 율법적 의무가 아니라 은혜에 따른 자연스러운 반응입니다. 물론 우리는 거룩한 삶을 살기 위해 고군분투해야 합니다. 그것은 그리스도인이 마땅히 지녀야 할 삶의 태도입니다. 하지만 그러한 노력은 우리의 구원에 아무런 영향력도 미칠 수 없습니다. 구원은 우리의 공로로 이루어지는 것이 아닌 온전한 하나님의 선물이기 때문입니다.

바울은 사도로서 자신의 권위를 가지고 로마 성도들에게 여러 가지를 명령할 수 있었습니다. 하지만 바울은 성도들에게 명령하기보다 권면하기를 택했습니다. 우리는 이제 하나님의 자녀입니다. 종이 아닌 양자가 된 것입니다. 그러기에 바울은 자녀 된 우리에게 명령하지 않고 권면하고 있습니다.

> 너희는 다시 무서워하는 종의 영을 받지 아니하고 양자의 영을 받았으므로 우리가 아빠 아버지라고 부르짖느니라 (로마서 8:15)

하나님의 백성은 종처럼 억지로 하나님을 섬기는 사람들이 아닙니다. 그들은 하나님을 사랑하고, 그 사랑에 근거하여 백성다운 삶을 살아가는 사람들입니다. 그러므로 이제 우리에게 필요한 것은 명령이 아니라 권면입니다. 구원을 받았으나 여전히 이 땅에서 삶을 살아가야 하는 성도들에게는 올바른 방향과 기준이 필요합니다. 하나님은 이미 우리에게 방향성과 기준을 말씀으로 제시하셨습니다. 하나님의 말씀대로 살아간다는 것은 억지로 지워진 부담이나 의무가 아닙니다. 이는 기쁨으로 하게 되는 자발적 순종의 행위입니다.

그렇다고 해서 '이제부터 알아서 마음대로 살아라'는 뜻은 아닙니다. 바울의 간곡한 권면을 방종을 양산하는 가벼운 것으로 오해해서는 안 될 것입니다. 바울은 복음을 이해한 사람들에게 이제 이론을 알았으니 알아서 각자 그리스도인답게 살라고 말하지 않습니다. 그는 그리스도인이 어떻게 살아야 하는지 하나하나 차근히 설명하고 있습니다. 12장부터의 삶의 규범과 공동체 생활의 규범이 주어지는 이유입니다. 만약 마음대로 감동되는 대로 살아도 된다고 한다면 12장 이후의 내용이 우리에게 필요할까요? 바울은 오히려 성도들에게 상세히 그리스도인의 삶에 대해 설명하고 있습니다. 그러므로 12장부터 이어지는 바울의 권면은 믿음의 후배들을 향한 바울의 친절한 안내서와 같습니다.

3. 하나님의 자비하심으로

바울은 로마 성도들, 즉 그리스도를 따르기로 한 하나님의 백성들을 향해 그리스도인의 삶을 권면하고 있습니다. 그런데 그 권면은 바울의 인간적인 지혜에서 나온 교훈이 아닙니다. 바울은 '하나님의 자비하심'으로 권면하고 있습니다. 이 부분을 좀 더 자세히 살펴보겠습니다.

여기에서 "하나님의 자비하심으로"에서 "~으로"라고 번역된 전치사는 "~을 통하여, ~동안, ~와 함께, ~ 때문에"로 번역됩니다. 그러므로 자비하심으로는 "자비하심을 통하여", "자비하심과 함께" 혹은 "자비하심 때문에"로 번역이 가능합니다. 그래서 다른 성경 번역서는 이 부분을 아래와 같이 번역했습니다.

그러므로 형제 여러분, 하느님의 자비가 이토록 크시니 나는 여러분에게 권고합니다.[공동번역]

형제자매 여러분, 그러므로 나는 하나님의 자비하심을 힘입어 여러분에게 권합니다.[새번역]

그러므로 형제 여러분, 내가 하나님의 자비를 생각하며 권합니다. [현대인의성경]

in view of God's mercy [NIV]

by the mercies of God [NASB]
(대부분의 영어 번역은 이 표현을 사용)

바울은 우리가 그리스도인다운 삶을 살아야 하는 이유를 '하나님의 자비하심'이라고 말합니다. '하나님의 자비하심을 통해서' 혹은 '하나님의 자비하심 때문에'라고 번역할 수 있는 이 부분은 그리스도인이 어떤 동력을 가지고 하나님을 섬겨야 하는지를 잘 보여줍니다. 그리스도인으로 살아가는 삶은 단순한 의무가 아닙니다. 그것은 그리스도인이 된, 복음을 마땅히 알게 된 사람들의 당연하고 자연스러운 결과입니다.

특별히 여기서 말하는 자비하심은 어떤 자비하심입니까? 우선은 우리에게 믿음을 주셔서 그 믿음으로 구원 얻게 하시는, 값없이 구원을 주시는 하나님의 자비입니다. 인간 스스로는 자신을 구원할 능력이 없습니다. 죄를 지어 하나님을 떠났지만, 그 결과는 비참한 죄인의 삶뿐이었습니다. 타락한 인간이 하나님께 돌아갈 수 있을까요? 그럴 수 없습니다. 죄인인 인간에게는 하나님을 찾을 능력도 의지도 없기 때문입니다. 하나님의 자비가 아니면 그분과 우리의 관계는 다시 회복할 수 없습니다. 하나님이 먼저 손을 내밀어 주지 않으시면 아무것도 할 수 없습니다. 그러므로 죄인에게는 하나님의 자비가 필수적입니다. 하나님의 긍휼과 은혜가 아니면 그들에게는 아무런 소망이 없습니다. 이런 은혜의 자비 때문에 하나님의 백성은 이제 새 피조물의 정체성을 따라 살아갈 수 있게 되었습니다.

두 번째는 유대인들이 아닌 이방인들에게도 구원을 베푸시는, 온 민족을 향한 하나님의 은혜입니다. 하나님의 자비는 하나님이 선택한 모든 민족에게 열려있습니다. 하나님의 구원 계획은 이스라엘을 통해서 시작되었습니다. 하지만 구원은 이스라엘 안에 머물러 있지 않고, 온 세계와 민족과 열방으로 확장되었습니다. 로마에 있는 이방인 그리스도인들에게도, 이 책을 읽고 있는 당신에게도 이 자비가 전해졌습니다. 이 얼마나 놀라운 은혜입니까? 하나님의 자녀로, 아브라함의 약속으로 우리를 이끌어 주시는 하나님의 자비를 생각할 때 우리의 몸을 하나님께 기꺼이 드릴 수 있는 것입니다.

복음의 이해와 그 복음에 대한 감격이 없이는 우리는 하나님을 제대로 섬길 수 없습니다. 자비의 하나님을 제대로 이해하지 못할 때, 우리는 기쁨으로 신앙생활을 할 수 없습니다. 혹시 하나님을 신앙생활 제대로 안 하면 벌주시는 분, 지옥의 문턱에서 우리를 협박하시는 분으로 알고 있지 않습니까? 그런 오해를 가지고 어떻게 기쁨으로 신앙생활을 할 수 있겠습니까? 이에 관해서 종교개혁자 루터의 삶이 좋은 예가 됩니다. 초기의 루터는 하나님의 자비에 대해 제대로 이해하지 못했습니다. 율법적인 삶에 매여서 기쁨을 누리지 못하고 늘 두려움에 빠져 살았습니다. 고행과 번민으로 살아가던 루터가 자비와 은혜의 하나님을 만났을 때, 어떻게 변화했는지 우리는 알고 있습니다. 그는 로마서를 통해서 진리의 새로운 빛을 얻게 되었습니다.

> 복음에는 하나님의 의가 나타나서 믿음으로 믿음에 이르게 하나니 기록된 바 오직 의인은 믿음으로 말미암아 살리라 함과 같으니라
> (로마서 1:17)

루터는 말씀을 통해 구원은 행위가 아니라 오직 믿음으로 얻는다는 사실을 깨달았습니다. 그 결과는 무엇입니까? 진리를 깨달은 루터는 복음의 감격을 마음에 품고 종교개혁의 길을 걷게 됩니다. 마치 바울이 그랬던 것처럼 말입니다. 루터는 자비와 은혜의 하나님을 만났습니다. 그리고 오직 믿음으로 구원을 얻는다는 위대하면서도 단순한 진리를 위해 싸웠습니다. 생명의 위협 속에서도 그는 자신이 깨달은 진리를 향한 신념을 굽히지 않았습니다. 복음을 제대로 깨달은 루터의 삶을 보십시오. 이전과 같이 열심으로 하나님을 섬겼지만, 그 일은 의무감이나 두려움 때문에 한 것이 아니었습니다. 루터는 복음에 대한 기쁨과 열정으로 종교개혁의 험한 길을 걸어갔습니다. 복음에 대한 바른 이해가 그를 자발적 헌신의 삶으로 인도했습니다.

오늘날을 살아가는 우리에게도 진리를 깨닫는 은혜와 그 진리를

깨닫는 데서 오는 감격이 필요합니다. 신앙생활은 하나님의 심판과 징계 때문에 두려움을 가지고 억지로 하는 것이 아닙니다. 물론 우리의 연약함이나 게으름 때문에 규율과 강제성이 필요해 보이기도 합니다. 때로는 경건 생활을 유지하는 데 그런 것들이 도움이 되기도 합니다. 하지만 근본적으로 우리가 추구해야 하는 것은 외적인 규율이나 강제성이 아닙니다. 핵심은 바로 내적인 변화에 있습니다. 즉, 하나님의 자비와 은혜를 제대로 깨닫는 것입니다. 신앙생활은 그 깨달음으로 해야 합니다.

여러분들은 하나님의 자비하심을 느끼고 계십니까? 그분은 아무런 가능성이 없는 죄악 된 우리를 먼저 찾아와 주셨습니다. 죄인인 우리를 용서해 주시고, 믿음을 주시고 자녀 삼아주셨습니다. 가망 없는 우리에게 새 생명을 주신 그 하나님의 위대한 사랑과 은혜를 깨닫고 있습니까? 행위가 아니라 은혜이며, 율법이 아니라 자비이며, 나의 공로가 아니라 십자가의 사랑입니다. 이 온전한 진리를 깊이 인식하고 있습니까? 그 위대한 복음을 이해하고 우리를 위해서 일하시는 하나님의 은혜 속에 살아가고 계십니까? 이렇게 복음을 온전히 깨닫고 은혜 가운데 있는 사람에게 "권면"이 방종이나 나태함으로 나타날 수 있을까요? 절대 그렇지 않습니다. 하나님의 자비하심을 제대로 이해하고 경험했다면, 기꺼이 하나님의 말씀을 따라 살게 될 것입니다. 그리스도인의 삶은 의무가 아니라 특권이며, 고난의 짐이 아니라 은혜의 선물입니다.

하나님의 뜻대로 살 수 있는 원동력이 무엇일까요? 심판이나 징계, 그리고 지옥에 대한 두려움이 아닙니다. 그것은 오직 하나님의 사랑에 감격하고 감사하는 마음이며, 이는 그리스도인의 지극히 자연스러운 반응입니다. 우리의 믿음의 여정이 이제는 의무감에서 벗어나, 날마다 감격과 기쁨이 넘치는 길이 되기를 진심으로 소망합니다.

제6장 너희 몸을 제물로 드리라

그러므로 형제들아 내가 하나님의 모든 자비하심으로 너희를 권하노니 너희 몸을 하나님이 기뻐하시는 거룩한 산 제물로 드리라 이는 너희가 드릴 영적 예배니라 (로마서 12:1)

하나님의 자비를 깨닫고 하나님이 기뻐하시는 삶을 살기 원하십니까? 그러한 사람의 삶은 어떠할까요? 그는 자기 몸을 거룩한 산 제물로 드리는 영적 예배의 삶을 살게 됩니다.

바울은 로마서 12장 1, 2절에서 그리스도인이 어떻게 살아야 하는지에 대한 전반적인 지침을 주고 있습니다. 이 부분은 그리스도인의 삶을 다루는 시작점입니다.

그 지침의 시작은 "너희 몸을 제물로 드리라"라는 권면입니다.

그렇다면 우리의 몸을 하나님께 드린다는 것은 구체적으로 무엇을 의미할까요? 바울은 이 행위의 의미를 설명하기 위해 "하나님이 기뻐하시는", "거룩한", "산 제물" 등 다양한 수식어를 사용하며, 우리의 몸을 드리는 것이 어떤 모습이어야 하는지를 풍성하게 설명해 주고 있습니다.

1. 몸은 인간의 삶의 모든 것을 의미함

우리의 몸을 드린다는 의미는 무엇일까요? 여기에는 삶의 모든 것을 하나님께 드린다는 의미가 있습니다. 구원받은 사람은 하나님께 자신이 가진 모든 것을 드리는 삶을 살아야 합니다. 우리의 구원은 값없는 은혜로 주어진 것입니다. 그러나 그것이 하나님께 아무것도 하지 않아도 된다는 의미는 아닙니다. 분명 구원은 하나님이 주시는 선물입니다. 하나님의 백성은 이미 행하신 십자가의 은혜를 믿음으로 받아들이면 됩니다. 구원을 위해서는 인간이 무엇을 덧붙이거나 뺄 것이 없습니다. 우리가 할 수 있는 것은 그저 감사로 그분의 선물을 받는 것뿐입니다.

사람이 의롭게 되는 것은 율법의 행위로 말미암음이 아니요 오직 예수 그리스도를 믿음으로 말미암는 줄 알므로 우리도 그리스도 예수를 믿나니 이는 우리가 율법의 행위로써가 아니고 그리스도를 믿음으로써 의롭다 함을 얻으려 함이라 율법의 행위로써는 의롭다 함을 얻을 육체가 없느니라 (갈라디아서 2:16)

8 너희는 그 은혜에 의하여 믿음으로 말미암아 구원을 받았으니 이것은 너희에게서 난 것이 아니요 하나님의 선물이라 9 행위에서 난 것이 아니니 이는 누구든지 자랑하지 못하게 함이라 (에베소서 2:8~9)

값없이 은혜로 구원을 받은 하나님의 백성은 어떤 삶을 살게 될까요? 그는 놀라운 구원의 은혜와 혜택을 누리며 살게 됩니다. 그 놀랍고 위대한 은혜를 받은 하나님의 백성들에게는 구원의 감격이 있습니다. 성도들은 그 감격으로 인해 구원받은 성도답게 살아가게 되는 것입니다.

구원이 무엇입니까? 단순하게 지옥에 가지 않고 천국에 가는 것이 아닙니다. 죽지 않고 영원히 사는 것만도 아닙니다. 구원을 얻었다는 것은 새로운 생명을 얻은 것이며, 새로운 피조물이 되었다는 뜻입니다.

그런즉 누구든지 그리스도 안에 있으면 새로운 조물이라 이전 것은 지나갔으니 보라 새 것이 되었도다 (고린도후서 5:17)

이제 우리는 하나님의 백성이 되었고 자녀가 되었습니다. 원래 하나님께서 계획하셨던 창조의 목적을 따라 살아야 하는, 그리고 살아갈 수 있는 새로운 피조물이 된 것입니다. 그러므로 우리에게는 새로운 피조물에 합당한 새로운 삶이 요구됩니다. 구원받았다는 의미는 이 새로운 삶을 전제하고 있습니다. 하나님이 인간을 창조하신 목적이 무엇입니까? 하나님은 자신의 영광을 위해서 인간을 창조하셨습니다. 인간을 비롯한 모든 만물도 모두 하나님을 위해서 창조되었습니다. 죄는 이런 창조의 목적을 거부하고 인간 스스로가 하나님과 같이 되려는 욕망입니다. 인간은 하나님이 원래 디자인하셨던 창조의 목적을 떠났습니다. 인간 스스로의 만족과 영광을 위해서 살아가기로 결정한 것입니다. 자신이 스스로 왕이 되어 살아가면 행복할 것으로 생각했습니다. 자신이 세상의 중심이 되면 모든 것을 할 수 있을 것으로 생각했습니다. 하지만 그 결과는 어떠했습니까? 인간의 기대와는 정반대였습니다. 네가 하나님과 같이 될 것이라는 달콤한 죄의 속삭임은 거짓이었습니다. 죄의 결과는 무엇입니까? 타락한 인류의 삶은 어떻게 되었습니까? 기쁨, 행복이 아니라 두려움이었습니다. 창조주로부터 독립하려 했던 아담의 시도는 창조주에 대한 두려움만을 가져왔습니다.

이르되 내가 동산에서 하나님의 소리를 듣고 내가 벗었으므로 두려
워하여 숨었나이다 (창세기 3:10)

아담과 하와는 스스로 선과 악을 판단하며 하나님과 같이 되고
싶었습니다. 위대한 창조주처럼 좋고 나쁨을 판단하면서 세상을
주관할 수 있을 줄 알았습니다. 하지만 하나님을 대적한 결과는 무
엇이었습니까? 그들은 천국과 같은 에덴동산에서 쫓겨났습니다.
또한, 여러 수고와 고통이 주어졌습니다. 그들의 후손은 어떻게 되
었습니까? 사랑하는 아들 가인은 살인자가 되었습니다. 그 살인의
대상은 심지어 사랑하는 자녀 아벨이었습니다. 아담과 하와는 죄
가 얼마나 처참한 결과를 가져오는지 목격했습니다. 하나님에 대
한 독립선언이 가져온 것은 자유가 아니었습니다. 인간은 하나님
의 자녀에서 죄의 노예로 전락해 버렸습니다.

가인의 마음은 하나님을 향한 분노와 다른 사람을 향한 시기와
질투로 가득 찼습니다. 결국, 그 시기와 질투 그리고 분노는 사랑
하고 섬겨야 할 동생을 죽이는 데까지 나갑니다.

5 가인과 그의 제물은 받지 아니하신지라 가인이 몹시 분하여 안색
이 변하니 … 8 가인이 그의 아우 아벨에게 말하고 그들이 들에 있
을 때에 가인이 그의 아우 아벨을 쳐죽이니라 (창세기 4:5, 8)

죄의 결과는 이렇게 비참합니다. 왜 이런 결과가 벌어졌습니까? 하나님을 거부했기 때문입니다. 하나님의 주권을 거부하고 창조의 목적을 거부한 결과입니다. 하나님으로부터 독립해서 자신의 영광을 위해 살아가려 했던 인간의 반란은 허망한 결과를 가져왔습니다.

하지만 하나님은 그분을 거부하고 그분의 통치에서 벗어나려 했던 인간을 여전히 사랑하셨습니다. 사랑과 은혜의 하나님은 인류를 구원하기로 작정하셨습니다. 스스로 구원의 길이 되셔서 새 생명을 허락하셨습니다. 하나님의 자녀가 된 인간은 새로운 피조물로 거듭났습니다. 하나님은 스스로를 왕이라 칭하며 하나님께 반란을 꾀했던 타락한 인간을 돌이키셨습니다. 그리고 하나님의 영광을 위한 삶으로 다시 초대하셨습니다. 그렇다면 이제 구원 얻은 하나님의 백성은 어떻게 살아야 합니까? 창조의 목적을 따라 살아가야 합니다. 그것이 바로 하나님이 태초에 디자인하신 인간의 모습이기 때문입니다.

구원 얻은 우리에게 요구되는 것은 삶의 일부분이 아닙니다. 하나님은 우리의 삶 전체를 요구하십니다. 그분이 우리의 주인이심을 잊어서는 안 됩니다. 하나님은 창조주이시며 우리는 그분의 피조물입니다. 그러므로 우리의 모든 것을 하나님께 드린다는 것은 매우 당연하고 마땅한 일입니다. 우리가 순종하고 따르고 헌신하는 대상이 바로 우리의 주인입니다. 지금 우리의 주인은 누구입니까? 혹시라도 죄의 종이 되어 삶을 내어주고 있지 않습니까? 과거에 그러했거나 현재에도 그러한 부분이 남아 있다면 이제 돌이켜야 합니다. 우리는 오직 참 주인이신 하나님의 종으로서만 살아야 합니다.

> 너희 자신을 종으로 내주어 누구에게 순종하든지 그 순종함을 받는 자의 종이 되는 줄을 너희가 알지 못하느냐 혹은 죄의 종으로 사망에 이르고 혹은 순종의 종으로 의에 이르느니라 (로마서 6:16)

모든 만물의 시작은 하나님으로부터였습니다. 또한, 만물은 하나님을 통해 운행되고 통치되며 그분을 위해서, 그리고 그분을 향해 완성됩니다. 이것이 세상의 운행 방식입니다. 온 세상의 주인이신 하나님의 통치 방식입니다. 그리고 인간은 이러한 삶을 위해 창조되었습니다.

> 이는 만물이 주에게서 나오고 주로 말미암고 주에게로 돌아감이라 그에게 영광이 세세에 있을지어다 아멘 (로마서 11:36)

모든 것의 근본이 하나님께 있으며 그분을 통해서 운행됩니다. 그리고 모든 만물은 하나님께 돌아가며 하나님을 위하여 존재합니다. 새로운 피조물로 부르심을 받은 그리스도인 또한 마찬가지입니다. 신자는 삶의 모든 영역과 순간에 하나님의 주권을 인정하는 사람입니다. 구원의 목적이 하나님의 영광을 위한 것임을 인정하고 이를 위해서 살아가는 사람입니다. 혹시라도 이런 하나님의 부르심이 싫거나 부담스럽습니까? 그렇다면 자신의 구원을 다시 한번 점검해봐야 합니다. 구원은 자연스럽게 모든 것을 하나님께 드리는 삶으로의 초청입니다. 아직도 남아 있는 죄된 본성이 그 길을 방해하고 막을지는 모르지만, 근본 마음만큼은 하나님을 향해 있는 것이 정상입니다. 하나님께 모든 것을 드리는 삶이 구원받은 그리스도인의 마땅한 삶입니다.

(1) 기쁜 마음으로

다시 한번 강조하지만 이런 요청은 구원의 전제 조건도 아니고 율법적인 하나님의 명령도 아닙니다. 이는 은혜의 법이며 구원받은 사람들이 마땅히 하나님께 반응해야 할 모습입니다. 우리의 전부를 하나님께 드리라는 것이 무리한 요구라고 생각하십니까? 혹여라도 손해라는 생각이 들지는 않습니까? 만약 그런 생각이 든다면 이는 복음에 담긴 은혜를 깊이 깨닫지 못했다는 뜻입니다. 하나님을 위해 산다는 것은 손해도 아니고 억지로 해야 할 일도 아닙니다. 우리를 하나님께 드리는 것은 우리의 원래 자리를 찾아가는 자연스러운 행위입니다. 이는 창조된 목적에 합당한 요구입니다. 우리 인간의 존재 목적이 무엇입니까? 바로 하나님께 영광을 돌리는 것입니다. 우리의 삶은 우리의 것이 아니라 하나님을 위한 것이며, 우리 삶의 목적이 하나님의 영광이라는 것을 잊어서는 안 될 것입니다. 그리스도인은 새로운 피조물입니다. 과거의 나는 이미 십자가에서 죽었습니다. 죽은 자를 위한 삶에 무슨 의미가 있겠습니까? 우리는 이제 하나님을 위한 새 삶으로 초대되었습니다. 부르심을 받은 성도는 그 초대에 합당한 삶을 살아가게 될 것입니다. 이제는 내가 사는 것이 아니라 오직 내 안에 그리스도께서 사시기 때문입니다.

> 내가 그리스도와 함께 십자가에 못 박혔나니 그런즉 이제는 내가 산 것이 아니요 오직 내 안에 그리스도께서 사신 것이라 이제 내가 육체 가운데 사는 것은 나를 사랑하사 나를 위하여 자기 몸을 버리신 하나님의 아들을 믿는 믿음 안에서 사는 것이라 (갈라디아서 2:20)

그러므로 나 자신을 하나님께 드리는 것은 내 안에 계신 그리스도가 살게 하는 것입니다. 그분을 온전히 드러내는 것이 그리스도인이 가져야 할 기본적 삶의 태도입니다. 이제 우리의 시선을 하나님께 맞추고, 그분을 중심으로 생각하고 행해야 합니다. 이는 단순한 의무가 아니라 우리의 기쁨이며 특권이라는 사실을 기억하시기 바랍니다.

만약 어떤 물건을 용도대로 쓰지 않으면 어떻게 되겠습니까? 문을 열 때 손잡이를 돌려서 열게 만든 문은 어떻게 사용해야 합니까? 문이 만들어진 대로, 디자인된 대로 손잡이를 돌려서 사용해야 합니다. 억지로 열려고 힘을 주고 발로 차고 마구 두드리면 어떻게 될까요? 부서지고 망가질 것입니다. 원래의 용도를 잃고 쓸모없는 존재로 전락하는 것입니다. 인간 또한 마찬가지입니다. 하나님은 인간을 하나님을 위해서 존재하도록 창조하셨습니다. 그분만을 찬양하는 존재로 지으신 것입니다. 이것이 원래 하나님의 의도였고 디자인이었습니다. 그렇다면 어떻게 사는 것이 인간에게 가장 행복한 삶이겠습니까? 바로 창조의 목적대로 사는 삶입니다. 창조주이신 하나님이 디자인하신 대로 살아야 인간은 행복할 수 있습니다. 우리의 모든 것을 하나님께 드리고 그분을 위해서 살아가는 삶이야말로 가장 행복하고 가치 있는 삶입니다. 이 목적을 벗어나는 어떠한 삶도 만족과 기쁨을 얻을 수 없습니다. 기억하십시오. 우리는 하나님을 벗어나서는 행복할 수 없습니다. 하나님을 찬양하고 예배하는 삶만이 인간이 가장 행복해질 수 있는 유일한 길입니다. 물론 창조의 목적대로 살아가는 것이 인간 스스로를 위한 것이 되어서는 안 됩니다. 인간의 행복은 삶의 목적이 아닙니다. 그것은 창조의 목적을 따라 살때 자연스럽게 주어지는 하나님의 은혜입니다. 하지만 사람들은 여전히 하나님을 배제하고 돈, 명예, 건강 등으로 자기 삶을 풍요롭게 하려 애씁니다. 모두가 부질없는 노력입니다. 오직 하나님만이 우리의 진정한 만족이시며, 풍요함이 되시기 때문입니다.

그러므로 하나님께 삶 전체를 드리는 것은 억울하고 손해 보는 일이 아닙니다. 그것은 진실로 가장 나를 행복하고 즐겁게 하는 방법입니다. 모든 것을 드리는 삶은 노예의 삶이 아닌 자녀의 삶이며, 하나님과 함께하는 기쁨의 삶입니다. 하나님은 우리를 나라와 제사장들로 삼으셨습니다. 또한 우리가 땅에서 왕 노릇 하겠다고 말씀하셨습니다.

> 그들로 우리 하나님 앞에서 나라와 제사장들을 삼으셨으니 그들이 땅에서 왕 노릇 하리로다 하더라 (계시록 5:10)

모든 것을 드리라는 요구는 결국 우리를 더욱 풍요하게 하는 길입니다. 이것은 인간을 가장 행복하게 만드는 은혜의 요구입니다. 다른 무엇이 아닌 하나님만이 최고의 가치입니다. 하나님 외에 다른 것이 그 가치를 대신할 수 없습니다. 그러므로 그 가치를 아는 자는 모든 것을 포기할 수 있습니다. 감추인 보화를 얻기 위해 모든 소유를 팔아 보화가 묻힌 밭을 사는 성경의 예화를 생각해 보십시오. 너무나 당연하고 이성적인 행동입니다. 보화의 가치를 모르는 사람은 이해하지 못하고 어리석은 행동이라고 비난할 수 있습니다. 하지만 보화를 발견한 사람은 어떻게 했습니까? 그는 기꺼이 자신의 모든 것을 팔아버립니다.

> 천국은 마치 밭에 감추인 보화와 같으니 사람이 이를 발견한 후 숨겨 두고 기뻐하며 돌아가서 자기의 소유를 다 팔아 그 밭을 사느니라 (마태복음 13:44)

하나님의 나라는 이와 같습니다. 그분과 그분의 나라는 나의 모든 것을 드릴만큼의 가치가 있습니다. 복음의 가치, 천국의 가치, 하나님의 가치를 모르는 사람은 이해하지 못할 것입니다. 그러나 보화를 발견한 사람은 주저하지 않습니다. 진정한 삶의 이유를 깨달은 사람은 결코 뒤를 돌아보지 않습니다.

> 예수께서 이르시되 손에 쟁기를 잡고 뒤를 돌아보는 자는 하나님의 나라에 합당하지 아니하니라 하시니라 (누가복음 9:62)

기쁨으로 당신의 몸을 드리십시오. 더 큰 가치를 위해서 세상의 헛된 것들을 포기하십시오. 하나님만이 가장 위대한 가치입니다.

그 가치를 알고, 모든 것을 거는 사람이야말로 하나님의 나라에 합당한 사람입니다.

(2) 하나님이 원하시는 것은 우리의 전부

또한, 하나님께 드려야 하는 것이 우리의 '전부'라는 사실을 기억해야 합니다. 하나님이 원하시는 것은 우리가 드릴 수 있는 어떤 것 혹은 일부가 아닙니다. 우리가 가진 모든 것입니다.

하나님은 우리에게 전부를 요구하십니다. 아브라함의 이야기를 기억해 보십시오. 하나님은 아브라함에게 "네 아들", "네 사랑하는", "독자", "이삭"을 번제로 요구하셨습니다.

> 여호와께서 이르시되 네 아들 네 사랑하는 독자 이삭을 데리고 모리아 땅으로 가서 내가 네게 일러 준 한 산 거기서 그를 번제로 드리라 (창세기 22:2)

아브라함에게 이삭은 전부였습니다. 하지만 하나님은 다른 것이 아닌 그 이삭을 요구하셨습니다. 그가 아브라함의 전부임을 아셨기 때문입니다. 하나님은 심술궂게 우리를 괴롭혀 이것저것 빼앗으시는 분이 아닙니다. 무엇인가 부족해서 우리에게 무언가를 요구하시는 분도 아닙니다. 그분은 천지만물의 주인이시며, 아무런 부족함도 느끼지 않는 분이십니다.

9 내가 네 집에서 수소나 네 우리에서 숫염소를 가져가지 아니하리니 10 이는 삼림의 짐승들과 뭇 산의 가축이 다 내 것이며 11 산의 모든 새들도 내가 아는 것이며 들의 짐승도 내 것임이로다 12 내가 가령 주려도 네게 이르지 아니할 것은 세계와 거기에 충만한 것이 내 것임이로다 13 내가 수소의 고기를 먹으며 염소의 피를 마시겠느냐 14 감사로 하나님께 제사를 드리며 지존하신 이에게 네 서원을 갚으며 15 환난 날에 나를 부르라 내가 너를 건지리니 네가 나를 영화롭게 하리로다 (시편 50:9~15)

그렇다면 하나님은 왜 우리에게 '전부'를 요구하실까요? 그분의 필요는 물질이 아니라 우리의 마음입니다. 하나님은 아브라함이 하나님을 어떻게 생각하시는지 확인하기를 원하셨습니다. 그래서 성경은 이 요구를 분명하게 "시험"이라고 규정하고 아브라함의 이야기를 시작합니다.

그 일 후에 하나님이 아브라함을 시험하시려고 그를 부르시되 아브라함아 하시니 그가 이르되 내가 여기 있나이다 (창세기 22:1)

하나님이 원하셨던 것은 이삭의 생명이 아니라 그분을 향한 아브라함의 믿음과 사랑이었습니다. 하나님은 우리가 하나님보다 다른 것을 더 사랑하는 것을 원하지 않으십니다. 하나님이 우리를 괴롭히고 고통스럽게 하려고 전부를 요구하시는 걸까요? 그렇지 않습니다. 오히려 그분은 우리가 완전한 천국을 누리기 원하십니다. 그러기 위해 우리는 반드시 창조의 목적으로 돌아가야만 합니다. 그러므로 우리는 일부가 아닌 전부를 드려야 합니다. 어떤 것은 드리고 어떤 것은 남겨서는 안 됩니다. 시간은 드릴 수 있지만 재정은 안된다고 할 수 있을까요? 그럴 수 없습니다. 나는 되지만 자녀는 안된다고 하시겠습니까? 그럴 수 없습니다. 고3인 시기에는 안되고 대학 간 후에는 된다는 태도 역시 있을 수 없습니다. 젊을 때는 다 드리고 나이가 들어서는 안 된다고 할 수 있습니까? 결코 그럴 수 없습니다. 하나님이 요구하시는 것은 일부가 아니라 전부이기 때문입니다.

하나님은 우리의 주인이십니다. 그분께 우리의 모든 것을 드리는 것은 하나님의 백성으로서의 당연한 반응입니다. 예수 그리스도의 죽음을 깊이 생각해 보십시오. 그분의 죽음은 대속의 죽음입니다. 예수님은 우리를 피로 사서 하나님께 드리셨습니다.

> 인자가 온 것은 섬김을 받으려 함이 아니라 도리어 섬기려 하고 자기 목숨을 많은 사람의 대속물로 주려 함이니라 (마태복음 20:28)

> 그들이 새 노래를 불러 이르되 두루마리를 가지시고 그 인봉을 떼기에 합당하시도다 일찍이 죽임을 당하사 각 족속과 방언과 백성과 나라 가운데에서 사람들을 피로 사서 하나님께 드리시고 (계시록 5:9)

예수 그리스도의 대속으로 우리는 하나님의 소유가 되었습니다. 우리는 우리 자신의 것이 아닙니다. 우리의 삶도 우리의 것이 아닙니다. 우리는 하나님의 백성이며 하나님의 것입니다. 모든 것이 하나님의 것이기에 전부를 드리는 것은 지극히 당연한 것입니다.

> 그러나 너희는 택하신 족속이요 왕 같은 제사장들이요 거룩한 나라요 그의 소유가 된 백성이니 이는 너희를 어두운 데서 불러 내어 그의 기이한 빛에 들어가게 하신 이의 아름다운 덕을 선포하게 하려 하심이라 (베드로전서 2:9)

이것을 손해라고 생각해서는 안 됩니다. 하나님은 우리를 괴롭게 하려고 무언가를 요구하는 분이 아니십니다. 하나님은 독생자 아들까지 아끼지 않으시고 우리에게 주셨습니다. 그런 분이 자녀 된 우리에게 무엇을 아끼시겠습니까? 하나님이 우리에게 요구하시는 본질은 사랑입니다. 그분이 원하시는 사랑을 드릴 때 우리는 더 많은 것을 받게 됩니다.

하나님 앞에 전부를 드리기 위해 내려놓아야 할 것은 무엇입니까? 우리의 꿈과 비전도 하나님 앞에 다 내놓아야 합니다. 사랑하는 가족과 친구도 마찬가지입니다. 내가 소중하다고 생각하는 것 모두를 하나님께 드려야 합니다. 다 드릴 때 다 가질 수 있다는 사실을 기억하십시오. 다 드릴 때 우리는 하나님 자체를 소유하게 됩니다. 하나님을 얻게 된다면 그야말로 다 얻는 것입니다. 하나님의 든든한 지지를 받게 된다면 지금 내가 가진 것들이 무슨 의미가 있겠습니까? 하나님 자체로 만족할 수 있어야 합니다. 그 은혜의 풍성함과 한량없는 기쁨, 그분으로부터 오는 참 평안이 여러분에게 충만하기를 바랍니다.

(3) 하나님이 원하시는 것은 '나' 자신임

하나님은 우리가 가진 어떤 것을 요구하지 않으십니다. 그분이 요구하시는 것은 바로 우리 자신입니다. 사람들은 하나님이 재물을 요구하신다고 오해하지만, 그것은 사실이 아닙니다. 사실 재물을 포함한 그 모든 것은 하나님께 속했기 때문입니다.

> 은도 내 것이요 금도 내 것이니라 만군의 여호와의 말이니라 (학개 2:8)

하나님은 부족한 것이 없으십니다. 하나님을 뭔가 모자라서 우리에게 빼앗아 가시는 분으로 오해해서는 안 됩니다. 하나님은 우리가 입고 있는 옷을 달라고 하지 않으셨습니다. 우리가 가진 돈을 달라고 하지 않으셨습니다. 우리에게 속한 어떤 것을 달라는 것이 아니라 너희 '몸'을 달라고 말씀하십니다. 네가 가진 어떤 것이 아니라 '너' 자신을 달라는 의미입니다.

인간이 사랑하는 것은 결국 자기 자신입니다. 자신을 가장 사랑하고 자신의 행복을 위해서 사는 것이 타락한 인간의 본성입니다. 하나님의 은혜가 없다면 인간은 자신을 우상으로 삼고 섬기며, 자신의 욕망을 위해 삶을 허비할 수밖에 없습니다. 그처럼 타락한 인간에게 하나님은 구원이라는 새로운 기회를 주셔서 올바른 인생, 진정한 행복을 주기 원하십니다. 이를 위해 하나님은 우리에게 잘못된 자기 숭배를 버리라고 요구하십니다. 자신을 내려놓을 때 우리는 진정한 자유를 누릴 수 있습니다. 하나님께 남김 없이 드릴 때 우리는 진정한 자유와 복, 채움을 맛보게 될 것입니다.

이제 자신을 하나님께 드리십시오. 부분이 아닌 전부를 드리십시오. 지금까지의 삶을 한번 돌아보십시오. 혹시 나 자신을 위해서, 죄를 위해서, 악을 위해서 산 것은 아닙니까? 그것이 무엇이든 하나님을 위한 것이 아니라면 모두 잘못된 것임을 깨달아야 합니다. 이제 여러분의 몸을 하나님을 위해 내어놓으십시오. 그분이 우리의 인생을 사용하시도록 전부 드리십시오. 이 결단과 헌신을 통해서 하나님은 영광받으실 것입니다.

> 또한 너희 지체를 불의의 무기로 죄에게 내주지 말고 오직 너희 자
> 신을 죽은 자 가운데서 다시 살아난 자 같이 하나님께 드리며 너희
> 지체를 의의 무기로 하나님께 드리라 (로마서 6:13)

2. 제물로 드려야 하는 몸

특별히 성경은 우리의 몸을 "제물"로 드리라고 말합니다. 여러 표현이 있지만, 제물이라는 단어를 사용한 것입니다. 그렇다면 우리의 몸을 제물로 드리라는 의미는 무엇일까요?

(1) 제물의 의미

"제물" 하면 연결되어 떠오르는 것이 구약의 제사입니다. 그러므로 본문에서 말하는 제물의 의미를 이해하기 위해서는 구약 제사를 함께 살펴봐야 합니다. 실제로 예전 개역성경에서는 이 부분을 제물이라고 하지 않고 제사라고 번역했습니다.

그러므로 형제들아 내가 하나님의 모든 자비하심으로 너희를 권하
노니 너희 몸을 하나님이 기뻐하시는 거룩한 산 제사로 드리라 이
는 너희의 드릴 영적 예배니라 [개역성경]

제물은 제사를 위해 희생시키는 것입니다. 구약의 제사에서 제
물은 인간이 아니라 동물이었습니다. 곡식을 드리기도 했지만, 소
나 양 혹은 비둘기를 드리는 것이 일반적이었습니다. 제사는 제물
의 죽음과 희생의 피를 의미합니다. 신약시대의 제사는 어떨까요?
신약시대에 우리에게 요구되는 제사는 우리 자신을 제물로 드리는
제사입니다. 과거에는 죄를 지은 사람 대신 동물이 대속 제물이 되
어 드려졌습니다. 하지만, 성경은 구원받은 그리스도인에게 스스
로가 제물이 되어 하나님께 드려져야 한다고 말합니다. 제사에서
제물의 죽음은 곧 제물의 전적인 희생을 의미합니다. 그러므로 우
리 몸을 드린다는 뜻은 명확합니다. 그것은 우리 전부, 다시 말해
우리의 생명을 드린다는 의미로 연결됩니다. 물론 이것이 인간을
제물로 바치는 인신 공양을 의미하지 않습니다. 그래서 우리는 '죽
은 제물'이 아닌 '산 제물'로서 하나님께 드려져야만 합니다.

이처럼 나 자신을 산 제사로 드린다는 것은 쉬운 일일까요? 어떻
게 보면 과거에 동물 따위의 제물을 대신 드리는 방식이 훨씬 쉬웠
을지도 모릅니다. 나 대신 다른 것을 희생시키면 그만이었기 때문

입니다. 그저 돈이나 좀 쓰고 약간의 정성만 기울이면 그만이었습니다. 하지만 하나님은 은혜받은 새피조물인 우리에게 너희 스스로가 제물이 되라고 말씀하십니다. 이것은 하나님의 정당한 요구이며, 구원받은 그리스도인의 마땅한 삶입니다. 나를 드리지 않고 다른 것으로 대신하려 해서는 안 됩니다. 그것은 온전한 제사가 되지 못합니다. 구원받은 그리스도인은 다른 것이 아닌 나 자신, 내 몸을 하나님께 드려야만 합니다.

나 자신이 제물이 된다는 의미가 바로 이것입니다. 바로 내가 제물이 되는 것입니다. 우리는 부모님의 믿음으로 신앙생활을 해나갈 수 없습니다. 부모님의 신앙에 기대고, 그 기도 뒤에 숨어서는 올바른 그리스도인으로 설 수 없습니다. 하나님께 드릴 것은 오직 나 자신입니다. 공동체의 신앙으로 살 수 있는 것이 아닙니다. 좋은 공동체에 속해있는 것이 내가 좋은 신자가 되는 것을 보장해주지 못합니다. 우리는 냉정하게 자신의 신앙을 점검해 보아야 합니다. 여러분은 하나님의 전적인 주권을 인정하며, 우리의 주인이신 그분을 위해 살아가고 있습니까? 그러한 삶이 바로 하나님이 우리에게 요구하시는 새로운 제사입니다. 주변 친구들의 신앙으로 사는 것이 아닙니다. 오직 나 자신의 신앙으로 사는 것입니다. 하나님을 향한 나의 사랑과 헌신으로 사는 것입니다. 이것이 하나님이 믿는 자에게 요구하시는 예배입니다.

(2) 하나님이 기뻐하시는 제물

하나님은 우리의 몸을 제물로 드리라고 하셨습니다. 하나님께 드릴 제물은 어떠해야 할까요? 마땅히 그분께서 기뻐하실 제물이어야만 합니다. 하나님이 기뻐하시는 제물은 무엇입니까? 구약의 제사에서 하나님이 기뻐하시는 제물은 흠 없고 정결한 제물이었습니다. 하나님께 인정될 제물, 하나님의 기쁨이 되는 제물은 흠이 없어야 했습니다. 흠 있는 제물은 희생 제물로 사용될 수 없었습니다.

> 흠 있는 것은 무엇이나 너희가 드리지 말 것은 그것이 기쁘게 받으심이 되지 못할 것임이니라 (레위기 22:20)

제물을 선택하는 기준은 어디에 있을까요? 주는 쪽이 아닌 받는 쪽에 그 기준이 있어야 할 것입니다. 선물을 줄 때도 마찬가지입니다. 선물이 선물로서 제 기능을 발휘하려면 선물을 받는 사람이 좋아하는 선물이어야 합니다. 아무리 비싸고 귀한 선물일지라도 받는 사람에게 기쁨이 되지 못한다면 그 선물은 선물로 기능하지 못합니다. 사울 왕을 생각해 보십시오. 그는 아말렉과의 전투에서 모든 것을 진멸하라는 하나님의 말씀에 순종하지 않았습니다. 사울은 하나님께 제물로 바칠 양과 소를 따로 남겨 두었습니다. 모든 것을 진멸하는 것보다는 이렇게 좋은 것을 남기는 것이 훨씬 더 합리적이라 생각했습니다. 그리고 하나님도 이런 결정을 존중하실 것이라 기대했었습니다. 하지만 하나님의 뜻은 달랐습니다. 하나님은 사울의 불순종은 심각하게 다루셨습니다. 하나님은 이 사건 때문에 사울을 버리기까지 하셨습니다.

19 어찌하여 왕이 여호와의 목소리를 청종하지 아니하고 탈취하기에만 급하여 여호와께서 악하게 여기시는 일을 행하였나이까 20 사울이 사무엘에게 이르되 나는 실로 여호와의 목소리를 청종하여 여호와께서 보내신 길로 가서 아말렉 왕 아각을 끌어 왔고 아말렉 사람들을 진멸하였으나 21 다만 백성이 그 마땅히 멸할 것 중에서 가장 좋은 것으로 길갈에서 당신의 하나님 여호와께 제사하려고 양과 소를 끌어 왔나이다 하는지라 22 사무엘이 이르되 여호와께서 번제와 다른 제사를 그의 목소리를 청종하는 것을 좋아하심 같이 좋아하시겠나이까 순종이 제사보다 낫고 듣는 것이 숫양의 기름보다 나으니 23 이는 거역하는 것은 점치는 죄와 같고 완고한 것은 사신 우상에게 절하는 죄와 같음이라 왕이 여호와의 말씀을 버렸으므로 여호와께서도 왕을 버려 왕이 되지 못하게 하셨나이다 하니 (사무엘상 15:19~23)

사울은 자신이 생각하는 기준에서 행동했습니다. 그가 준비한 제물은 겉으로는 살찌고 흠 없는 양질의 제물이었을지 모르지만,

하나님의 기쁨이 되지 못하는 제물이었습니다. 사울은 자신이 기뻐하는 기준으로만 생각했습니다. 하나님의 뜻에 대해서는 전혀 고려하지 않았습니다. 이렇게 하면 '하나님도 좋아하시겠지, 하나님도 이해해 주시겠지'라고 생각했습니다. 그는 하나님께 순종이라는 제물을 제대로 드리지 못했습니다. 하나님의 기쁨이 되는 제사를 드리는 데는 실패했습니다. 이러한 불순종의 결과는 실로 무서운 것이었습니다.

하나님께 드리는 제물은 하나님의 뜻에 맞는 것이어야 합니다. 반드시 하나님이 기뻐하시는 제물이어야 합니다. 구약 시대에 하나님은 율법을 통해 합당한 제물의 기준을 세우셨습니다. 오늘날 제물로 드려야 할 우리의 삶 또한 다르지 않습니다. 우리가 드려야 할 삶은 나의 기준이 아니라 하나님의 기준에 맞는 삶이어야 합니다. 내가 보기에 좋고 마음에 든다고 좋은 제물이 될 수 없습니다. 하나님께 드릴 우리의 삶은 하나님을 좋게 하는 삶이어야 합니다. 사람이 보기에 좋은 삶으로는 하나님을 기쁘시게 할 수 없습니다. 그러므로 그리스도의 종은 사람들의 기쁨을 구하는 삶에서 멀어져야 합니다. 이제 우리의 시선과 기준을 하나님께 맞추고, 하나님께서 기뻐하시는 삶을 살아야만 합니다.

이제 내가 사람들에게 좋게 하랴 하나님께 좋게 하랴 사람들에게

기쁨을 구하랴 내가 지금까지 사람들의 기쁨을 구하였다면 그리스
도의 종이 아니니라 (갈라디아서 1:10)

하나님께 헌신하고 그분을 위해 살아가는 삶은 나의 만족과 유
익을 위한 것이 아닙니다. 우리는 온전히 하나님의 기쁨이 되어야
합니다. 우리는 과연 그런 삶을 살아가고 있습니까? 오늘날 많은
그리스도인이 하나님보다는 자신의 유익과 만족을 위한 삶을 살아
가고 있습니다. 교회라는 장소에서, 교회와 관련된 일을 한다고 그
것이 하나님을 위한 일일까요? 아무도 보장할 수 없습니다. 어떤
사람은 자신의 자아실현을 위해서, 자기만족을 위해서 교회에서
봉사합니다. 겉으로 드러내지 않지만 결국 핵심과 초점은 자기만
족입니다. 그들에게는 사람들의 시선과 평가가 하나님의 평가보다
더 중요합니다. 열심히 성전을 위해서 일했던 대제사장들과 서기
관들, 그리고 율법을 위해서 늘 경건한 삶을 추구했던 바리새인들
을 떠올려 보십시오. 예수님은 그들을 어떻게 평가하셨습니까? 그
들이 외식하는 자들이라는 평가를 받았던 이유도 다 여기에 있습
니다. 핵심은 우리 삶의 기준이 어디에 있는가입니다. 하나님의 기
쁨이 아닌 나의 만족과 기쁨이 기준이 될 때, 우리의 모든 열심은
결국 종교 행위로 전락하게 됩니다.

타락한 인간은 하나님이 좋다고 평가하신 세상을 좋지 않다고

스스로 평가하고 끝내 거부했습니다. 하나님의 기준을 거부하고 자신의 기준으로 선악과를 보았습니다. 하나님이 제시한 질서를 거부하고 자신을 중심으로 한 질서를 세우려 한 것입니다. 모든 문제는 이처럼 잘못된 기준에서부터 시작됩니다. 내가 기준이 되려는 모든 시도를 내려놓아야 합니다. 이제 마음에 하나님의 기준을 우리의 중심에 새겨 넣어야 합니다.

> 인자와 진리가 네게서 떠나지 말게 하고 그것을 네 목에 매며 네 마음판에 새기라 (잠언 3:3)

새로운 피조물로 세워진 하나님의 백성은 하나님의 기쁨이 되는 제물이 되어야 합니다. 나의 기쁨, 나의 필요, 나의 기준에서 벗어나 하나님의 기쁨, 하나님의 필요, 하나님의 기준에 우리의 초점을 두어야 합니다. 이것을 통해서 우리는 하나님께 합당한 예배를 드릴 수 있습니다.

(3) 거룩한 제물

그렇다면 하나님이 기뻐하시는 제물은 어떤 제물입니까? 무엇보다 거룩한, 구별된 제물이어야 합니다. 우리가 우리 몸을 드릴 때 그 몸은 거룩해야 합니다. 우리는 거룩히 구별된 하나님의 백성입니다. 그리고 하나님은 우리를 거룩한 삶으로 부르셨습니다.

> 나는 너희의 하나님이 되려고 너희를 애굽 땅에서 인도하여 낸 여호와라 내가 거룩하니 너희도 거룩할지어다 (레위기 11:45)

> 15 오직 너희를 부르신 거룩한 이처럼 너희도 모든 행실에 거룩한 자가 되라 16 기록되었으되 내가 거룩하니 너희도 거룩할지어다 하셨느니라 (베드로전서 1:15-16)

우리는 구원받은 백성으로 신분적으로 이미 거룩한 백성이 되었습니다. 하지만 여기서 그쳐서는 안 됩니다. 거룩한 신분에 합당한 삶으로 하나님께 영광을 돌려야 합니다. 여기서 거룩이란 어떤 의미일까요? 거룩하면 보통 추상적인 개념으로 다가오기 쉽습니다. 구약의 제사에서 거룩한 제물이라는 뜻은 하나님께 드리기 위해서 구별되었다는 의미입니다. 제물이 될 양을 생각해 봅시다. 거룩한 양은 하나님께 드릴 제물로 구별되었다는 의미입니다. 먹을 양, 팔아서 이익을 얻을 양 등 다양하게 사용될 양 중 흠이 없고 제물이 되기에 합당한 양을 제사를 위해 구별하여 선택한다는 의미입니다. 하나님께 드리기 위한 제물은 이와 같습니다. 그것은 내가 먹는 혹은 팔 것과는 차별적인 것이어야 합니다. 그것은 하나님께 드리기 위해 흠이 없고 순결한 것으로 따로 선별한 것이었습니다. 하나님을 위해 선택되고 구별된 것, 그것이 곧 거룩함입니다.

우리 몸은 하나님이 기뻐하시는 '거룩한' 제물로 구별되어야 합니다. 어디서부터의 구별입니까? 세상으로부터 구별입니다. 다른 사람과의 구별입니다. 우리 몸의 용도는 하나님의 영광을 위함입니다. 우리 삶의 온전한 방향과 목적은 하나님입니다. 우리는 구별된 삶으로 하나님께 바쳐져야 합니다. 세상과는 구별된 제물로 준비되어야 합니다. 생각과 삶의 태도 그리고 방향, 모두를 세상의 방식이 아니라 하나님이 기뻐하시는 방식으로 바꿔야 합니다. 앞서 살펴봤듯이 모든 것을 하나님께 드려야 하는 이 제사는 구별되어야 합니다. 우리 삶의 모든 영역이 거룩해야 한다는 의미입니다. 예배당에 왔을 때만 구별되는 삶이 아닙니다. 바쁠 때는 거룩함이 없다가 조금 한가해지면 거룩해지는 것이 아닙니다. 우리의 모든 삶은 전인격적으로 하나님께 드려져야 합니다. 그러므로 그리스도인은 모든 삶의 영역에서 거룩함을 추구해야 합니다. 믿지 않는 사람들이 고민하고 생각하고 그 결과로 만들어내는 삶의 모습과는 철저히 구별되어야 합니다. 머리부터 발끝까지 거룩해야 합니다. 이런 거룩함이 확보될 때 우리의 몸은 하나님이 기뻐하시는 제물이 될 수 있습니다. 구별된 삶만이, 거룩한 삶만이 하나님께 기쁨이 되며 온전한 제물이 될 수 있습니다.

거룩함은 단순히 세상으로부터 분리된다고 해서 얻어지는 것이 아닙니다. 산속에 들어가 살아야 거룩해질 수 있는 것이 아닙니다. 공동체 운동처럼 믿는 사람들끼리 모여 살아야 거룩해질 수 있는 것도 아닙니다. 우리가 추구해야 할 것은 분리가 아니라 구별입니다. 세상과의 대립이 아니라 구분입니다. 하나님이 우리를 세상에서 불러내심으로 거룩은 이미 시작되었습니다. 이제 그 거룩함을 유지해야 합니다. 하나님의 거룩하심을 닮아 세상에서도 거룩함을 유지해야 합니다.

> 나는 너희의 하나님이 되려고 너희를 애굽 땅에서 인도하여 낸 여호와라 내가 거룩하니 너희도 거룩할지어다 (레위기 11:45)

(4) 산 제물

보편적인 제물의 특징은 무엇입니까? 제물이란 원래 죽은 것, 혹은 죽는 것입니다. 하지만 하나님은 우리에게 거룩한 '산 제물'이 되라고 요구하십니다. 여기서 우리의 몸을 산 제물로 드리라는 의미에는 여러 가지 깊은 뜻이 있습니다.

그중에서도 가장 기본적인 의미는 구약 제사와의 차별성입니다. 말씀드렸듯이 구약의 제사는 제물의 죽음을 전제했습니다. 하지만 우리가 드릴 새로운 믿음의 제사는 이전의 것과 다릅니다. 신약의 제사는 제물을 죽여서 희생시키는 것에 머물지 않습니다. 여전히 나를 드린다는 의미에서는 여전히 희생의 의미가 있지만, 이 희생은 죽음, 없어짐, 손해의 의미를 담고 있지 않습니다. 그래서 산 제물은 연속성과 지속성을 떠올리게 합니다. 한 번 드린 제물은 다시 제물이 될 수 없습니다. 죽었고 태워졌기 때문입니다. 없어졌습니다. 한 번의 제사로 끝입니다. 하지만 신약의 제사는 어떻습니까? 산 제물이기에 다시 드려질 수 있습니다. 물론 우리는 날마다 죽어야 합니다. 죄에 대하여 날마다 죽어야 합니다.

형제들아 내가 그리스도 예수 우리 주 안에서 가진 바 너희에 대한 나의 자랑을 두고 단언하노니 나는 날마다 죽노라 (고린도전서 15:31)

하지만 구원받은 하나님의 백성은 죽음에 머무르지 않습니다. 그리스도께서 무덤에 머무르지 않고 다시 살아나셨던 것처럼 다시 살아야 합니다. 하나님이 계획하신 창조의 목적을 이루기 위해서 우리는 살아야 합니다.

친히 나무에 달려 그 몸으로 우리 죄를 담당하셨으니 이는 우리로
죄에 대하여 죽고 의에 대하여 살게 하려 하심이라 그가 채찍에 맞
음으로 너희는 나음을 얻었나니 (베드로전서 2:24)

죄의 결과는 사망입니다. 하지만 새로운 피조물인 우리는 사망
에 머무르지 않고 다시 새롭게 시작합니다. 그리스도께서 십자가
의 죽음 이후 3일 만에 부활하셨던 것처럼 우리도 그리스도와 함
께 부활하는 것입니다. 새로운 피조물인 우리는 이제 주님 앞에서
진정한 생명의 삶을 살게 됩니다. 하나님의 백성이 아닌 자들은 살
았지만 죽은 자들입니다. 그 부활은 어떻게 이루어집니까? 오직 그
리스도의 피로 이루어질 수 있습니다. 그리스도의 값진 피로 사신
바 된 우리는 이제 새 피조물로서 새로운 삶을 살아야만 합니다.

내가 그리스도와 함께 십자가에 못 박혔나니 그런즉 이제는 내가
사는 것이 아니요 오직 내 안에 그리스도께서 사시는 것이라 이제
내가 육체 가운데 사는 것은 나를 사랑하사 나를 위하여 자기 자신
을 버리신 하나님의 아들을 믿는 믿음 안에서 사는 것이라 (갈라디아
서 2:20)

그리스도께서 약하심으로 십자가에 못 박히셨으나 하나님의 능력
으로 살아 계시니 우리도 그 안에서 약하나 너희에게 대하여 하나
님의 능력으로 그와 함께 살리라 (고린도후서 13:4)

이제 우리에게 영원한 생명이 주어졌습니다. 이 생명은 그리스도의 십자가 대속으로 주어진 하나님의 선물입니다. 이 선물을 받은 우리는 하나님께 산 제물이 될 수 있습니다. 새로운 생명의 삶을 선물로 얻었기 때문입니다.

그러므로 그리스도인은 날마다, 순간마다 산 제물로 하나님께 드려져야 합니다. 산 제물이므로 한 번의 헌신이 아니라 계속되는 헌신으로 하나님께 바쳐져야 합니다. 매일 헌신, 매 순간의 헌신으로 하나님께 드려져야 합니다. 한때 하나님께 헌신했다고 이야기하지 마십시오. 그 누구도 '젊을 때 헌신했으니 이제는 좀 쉬어도 되겠지'라고 말할 수 없습니다. 우리의 삶은 주님의 것이며 이 소유권은 젊어서나 늙어서나 유효합니다. 우리가 살아 있는 모든 순간은 우리는 주님의 것이며, 주님께 바쳐진 것임을 잊지 않아야 합니다.

"너희 몸을 하나님이 기뻐하시는 거룩한 산 제물로 드리라"

복음의 은혜를 깊이 깨달은 사도는 믿음으로 살아가려 결단한 로마 성도들에게 삶 전체를 하나님께 드리라고 권면하고 있습니다. 제사의 제물은 처절한 헌신과 희생을 전제합니다. 거룩하고 흠 없는, 하나님의 기쁨이 되는 제물로 드려져야 합니다. 나의 기쁨이 아닌 오직 하나님이 기뻐하시는 제물로 드려져야 합니다. 제물이 된다는 것은 분명 희생과 헌신을 전제합니다. 그러나 구약의 제사와는 분명한 차이가 있습니다. 하나님께 드려지는 삶은 일방적인 희생과 헌신으로 이루어지는 것이 아닙니다. 성도는 거룩한 제물의 삶을 살며 오히려 영원한 생명과 은혜와 자비를 누립니다. 희생하고 죽고 사라지는 것이 아니라, 오늘도 살아서 하나님의 은혜를 누리는 산 제물로 하나님 앞에 설 수 있는 것입니다. 이 얼마나 영광스러운 일입니까? 그러므로 우리는 오늘도, 내일도 하나님의 기쁨 되는 제물로 드려져야 합니다.

이제 당신은 하나님께 기쁨이 되는 거룩한 산 제물이 되어 하나님께 영광을 돌리는 삶으로 초대되었습니다. 이 초대에 기꺼이 응답하길 바랍니다. 거룩을 사모하고, 하나님의 기쁨이 되기 위해 몸부림치며 하나님께 모든 것을 바치는 인생으로 그분께 영광 돌리길 바랍니다. 오늘의 신실함을 내일도 유지하면서 믿음의 길을 굳건히 걸어가는 은혜가 여러분께 있기를 바랍니다.

제7장 영적 예배

●

그러므로 형제들아 내가 하나님의 모든 자비하심으로 너희
를 권하노니 너희 몸을 하나님이 기뻐하시는 거룩한 산 제
물로 드리라 이는 너희가 드릴 영적 예배니라 (로마서 12:1)

1. 참된 예배자를 찾으시는 하나님

예배는 신앙생활에서 매우 중요한 위치를 차지합니다. 신앙생활
을 한마디로 표현하자면 예배하는 삶이라고 할 수 있습니다. 예배
는 창조주 하나님을 향한 피조물의 마땅한 태도입니다. 하나님을
경배하고 그분의 위대하심을 찬양하는 삶의 태도는 때로는 예식의
형태로 표현되기도 하고, 때로는 일상적인 삶의 모습으로 표현되

기도 합니다.

그리스도인에게 예배는 매우 중요한 가치를 가집니다. 그렇기에 예배는 신자의 기본적인 의무이자 삶의 태도라고 할 수 있습니다. 하지만 이렇게 중요한 예배를 온전하게 드리는 사람은 별로 없는 것 같습니다. 성경은 하나님께서 예배하는 사람들을 찾으신다고 말합니다.

> 아버지께 참되게 예배하는 자들은 영과 진리로 예배할 때가 오나니 곧 이 때라 아버지께서는 자기에게 이렇게 예배하는 자들을 찾으시 느니라 (요한복음 4:23)

찾는다는 표현에는 어떤 의미가 담겨 있습니까? 찾는다는 표현은 찾는 대상이 없을 때 사용하기 마련입니다. 다시 말해, 이것은 부재(不在)를 전제한 행동입니다. 하나님께 온전히, 참되게 예배하는 사람이 없기에 하나님은 참된 예배를 드리는 사람을 찾으시는 것입니다. 하나님께 참되게 예배하는 사람은 어떤 사람입니까? 영과 진리로 예배하는 사람입니다.

> 하나님은 영이시니 예배하는 자가 영과 진리로 예배할지니라 (요한 복음 4:24)

하나님은 오늘도 영과 진리로 하나님을 참되게 예배하는 하나님의 사람을 찾으십니다. 하지만 사람들의 관심은 어디에 있습니까? 안타깝게도 많은 사람이 예배 자체보다 예배의 겉모습에 관심을 두고 있습니다. 요한복음 4장에서 수가성 여인이 예수님께 던진 질문은 예배 장소에 관한 것이었습니다.

> 우리 조상들은 이 산에서 예배하였는데 당신들의 말은 예배할 곳이 예루살렘에 있다 하더이다 (요한복음 4:20)

우리가 예배를 논할 때, 중점을 두고 있는 부분은 어디입니까? 사람들에게는 예배의 장소, 시간, 형식, 예배당의 디자인 등 외적인 것에 집중하는 경향이 있습니다. 물론 외적인 것들도 분명 우리가 고민해야 할 중요한 요소들입니다. 하지만 하나님의 관심은 장소와 같은 외적 문제를 떠나 영과 진리로 참되게 예배하는 "사람"에 있습니다. 그리고 그 예배하는 사람들이 어떠한 자세로 예배해야 하는지에 대해서 집중하십니다.

하나님이 기뻐하시는 예배는 율법이나 의식같은 외적인 것이 잘 갖춰진 예배가 아닙니다. 하나님은 그분을 향한 삶의 태도 혹은 삶 자체를 예배로 기뻐 받으십니다. 예배에 대한 하나님의 이런 관점은 이미 창세기에서부터 드러나 있습니다. 가인과 아벨의 제사를 생각해 보십시오. 하나님은 제물뿐만 아니라 제물을 드렸던 예배자, 가인과 아벨이라는 사람에게 집중하셨습니다. 성경은 하나님께서 아벨과 그 제물은 받으셨고, 가인과 그 제물은 받지 않으셨다고 말합니다.

> 4 아벨은 자기도 양의 첫 새끼와 그 기름으로 드렸더니 여호와께서 아벨과 그의 제물은 받으셨으나 5 가인과 그의 제물은 받지 아니하신지라 가인이 몹시 분하여 안색이 변하니 (창세기 4:4~5)

이는 단순한 제물의 문제만이 아닙니다. 우리는 이 말씀을 통해 하나님이 제물을 드리는 사람의 '어떠함'에도 주목하고 계시다는 점을 알 수 있습니다. 가인과 아벨의 이야기는 율법이 주어지기 전에 일어난 사건입니다. 하나님은 처음부터 예배드리는 사람의 중심과 태도를 주목하시고, 예배의 중요한 요소로 여기셨습니다.

이처럼, 하나님의 근본적인 관심은 제물이나 예식에 있지 않습니다. 율법의 기본 정신도 마찬가지입니다. 레위기를 비롯한 구약의 성경에서 제사 제도에 대한 많은 규정이 언급되지만, 핵심은 그런 제도와 규정이 아니었습니다. 하나님께서 원하시는 것은 그 규정들을 통해서 하나님을 예배하는 사람들이 하나님을 더 사랑하고 기쁨으로 섬기는 것입니다. 이것은 예수님의 말씀을 통해서도 분명하게 확인됩니다.

> 예수께서 이르시되 네 마음을 다하고 목숨을 다하고 뜻을 다하여 주 너의 하나님을 사랑하라 하셨으니 (마태복음 22:37)

예수님은 마음과 목숨과 뜻을 다하여 하나님을 사랑하는 것이 율법의 핵심 정신임을 분명히 밝히십니다. 이 정신은 제사 제도에도 똑같이 적용됩니다. 오늘날의 예배 또한 마찬가지입니다. 하나님은 형식적인 예배자가 아닌, 자신을 온전히 드려 하나님을 사랑하는 참된 예배자를 찾으십니다. 그리스도인이라면 하나님의 이러한 관심과 초점에 늘 맞닿아 있어야 합니다. 우리의 모든 예배와 삶의 행위가 하나님을 향한 진정한 사랑에서 비롯될 때, 비로소 하나님이 기뻐하시는 합당한 예배가 될 것입니다.

2. 우리의 삶을 드리는 예배

예배를 제대로 이해하는 것은 매우 중요합니다. 하나님의 관심이 거기에 있기 때문입니다. 영과 진리로 예배하는 참된 예배자를 찾으시는 하나님의 관심은 본문에서도 동일하게 나타납니다. 바울은 "너희 몸을 하나님이 기뻐하시는 거룩한 산 제물로 드리라"라고 말합니다. 그런데 이렇게 우리의 몸을 하나님께 제물로 드리는 것이 바로 우리가 드릴 "예배"라고 말합니다. 앞 장에서 살펴봤듯이, 우리의 몸을 드린다는 것은 단순히 우리의 육체를 하나님께 드리는 것을 넘어서 삶 전체를 드린다는 의미입니다. 시간, 물질, 꿈. 계획 등 모두를 하나님께 제물로 드리는 것이 그리스도인들이 하나님 앞에서 살아가야 할 온전한 삶입니다. 이것이 우리가 하나님께 드릴 온전한 예배입니다. 로마서 6장에서도 비슷한 이야기를 하고 있습니다.

> 또한 너희 지체를 불의의 무기로 죄에게 내주지 말고 오직 너희 자신을 죽은 자 가운데서 다시 살아난 자 같이 하나님께 드리며 너희 지체를 의의 무기로 하나님께 드리라 (로마서 6:13)

바울은 우리의 몸을 불의의 무기로 내주지 말고 의의 무기로 하나님께 드리라고 말합니다. 여기서도 몸은 우리의 육체뿐만 아니라 삶 전체를 의미합니다. 미가 선지자는 좋은 제물을 드리는 것이 하나님의 뜻이 아니라고 합니다. 그는 삶 속에서 하나님의 경외함으로 말씀을 따라 살아가는 실제적 '삶'이야말로 진정 하나님이 기뼈하시는 것이라고 말합니다.

> 6 내가 무엇을 가지고 여호와 앞에 나아가며 높으신 하나님께 경배
> 할까 내가 번제물로 일 년 된 송아지를 가지고 그 앞에 나아갈까 7
> 여호와께서 천천의 숫양이나 만만의 강물 같은 기름을 기뻐하실까
> 내 허물을 위하여 내 맏아들을, 내 영혼의 죄로 말미암아 내 몸의
> 열매를 드릴까 8 사람아 주께서 선한 것이 무엇임을 네게 보이셨나
> 니 여호와께서 네게 구하시는 것은 오직 정의를 행하며 인자를 사
> 랑하며 겸손하게 네 하나님과 함께 행하는 것이 아니냐 (미가 6:6~8)

우리가 올바르게 예배드린다고 할 때 그 예배는 무엇을 의미할
까요? 그것은 우리가 주일 한 시간 정도 교회에 모여서 드리는 시
간만을 말하는 것이 아닙니다. 하나님이 오늘도 참되게 예배하는
사람을 찾으신다고 말할 때 그 예배는 어떤 것입니까? 그것은 단순
히 주일 한 시간으로 채워지는 것이 아닙니다. 예배는 일주일에 한
번 정도 교회 나와서 예배 예식에 참여하는 것으로 끝나지 않습니
다. 그렇다면 주일뿐만 아니라 수요일이나 금요일에 교회에 나오
면 해결되는 것입니까? 아닙니다. 하나님이 우리에게 근본적으로
원하시는 예배는 우리의 삶 전체를 드리는 것입니다. 하나님이 오
늘도 찾으시는 예배자는 바로 우리의 삶 전체를 기꺼이 하나님께
드리는 사람입니다. 예배는 1시간에서 24시간으로 확장되고, 주일

하루에서 일주일 모든 시간으로 확장되어야 합니다. 날마다, 순간 순간 그리고 평생을 드리는 것으로 확장되어야 합니다.

예배당 문을 나가면서 "아, 이제 예배 마쳤다."라고 말하는 것은 적절치 않습니다. 우리는 각자의 생활 속에서 삶으로 예배를 드리다가 잠시 모여서 공동체로 공동의 예배를 드리는 것뿐입니다. 그리고 우리는 다시 흩어져 각자의 삶으로, 예배의 현장으로 돌아갈 것입니다. 이렇게 확장되고 지속되는 삶 자체가 우리가 하나님께 드릴 예배입니다. 그렇습니다. 하나님은 물질적인 제물을 원하시는 분이 아니라 우리의 삶을 원하십니다. 하나님은 우리가 하나님의 뜻대로 살아가며 하나님과 동행하는 삶을 요구하십니다. 하나님은 형식이 아닌 우리 자체를 원하십니다. 하나님 기뻐하시는 제물은 바로 우리 자신이기 때문입니다.

이런 몸의 이야기는 바로 뒤에 나오는 교회 공동체를 설명하는 부분과 연결됩니다.

> 4 우리가 한 몸에 많은 지체를 가졌으나 모든 지체가 같은 기능을 가진 것이 아니니 5 이와 같이 우리 많은 사람이 그리스도 안에서 한 몸이 되어 서로 지체가 되었느니라 (로마서 12:4-5)

우리는 그리스도를 머리로 하는 몸의 지체가 되었습니다. 몸과 삶을 다 드려 하나님을 예배하는 사람은 곧 그리스도를 머리로 하는 교회의 지체가 됩니다. 그리스도인은 자신의 몸을 하나님께 드려서 그리스도의 몸, 곧 교회 지체로서의 삶을 살아가게 됩니다. 우리는 그리스도를 머리로 하는 교회의 한 지체입니다. 독립된 개별 존재가 아니라는 뜻입니다. 이런 우리가 머리 되신 그리스도와 다른 방향으로 살아간다면 어떻게 될까요? 각 지체가 몸의 방향과 목적과 달리 제 마음대로 살아가면 어떻게 될까요? 그 몸은 제 기능을 할 수 없습니다. 우리는 각자의 은사와 사명을 따라 자신에게 주어진 역할을 다해야 합니다. 하지만, 자신이 그리스도를 머리로 하는 교회의 일부분임을 잊어서는 안됩니다. 이처럼, 한 교회의 지체로서 유기적인 책임을 다함으로써 우리는 하나님 나라를 세우는 일에 참여할 수 있습니다. 나의 것을 주장하지 않고 그리스도를 위해 자신의 삶을 드릴 때, 우리는 세상의 빛과 소금이 될 것이며 하나님의 교회는 굳게 설 것입니다. 우리는 독립된 존재가 아닙니다. 그리스도의 몸이 된 하나님의 백성입니다. 하나님의 몸 된 교회인 백성의 삶의 방향성은 어떠해야 할까요? 당연히 이전과는 달라야 합니다. 먼저는 바뀐 정체성을 인식해야 합니다. 자신이 개별적 존재가 아닌 그리스도의 한 지체임을 인식해야 할 것입니다. 그 인식을 바탕으로 머리되신 그리스도를 위해 살며(하나님 사랑), 또한 한 몸 된 지체를 도우며(이웃 사랑) 살아야 합니다.

3. 마땅히 드려야 할 우리의 삶

이렇게 우리의 삶을 하나님께 제물로 드리는 것이 우리가 드려야 할 "영적" 예배입니다. 여기서 사용된 영적이라는 단어는 '이성적인,' '합당한,' '영적인' 등의 뜻이 있습니다. 베드로전서 2장 2절에서 같은 단어가 사용되었는데 여기서는 "신령한"으로 번역되었습니다.

갓난 아기들 같이 순전하고 신령한 젖을 사모하라 이는 그로 말미암아 너희로 구원에 이르도록 자라게 하려 함이라 (베드로전서 2:2)

"영적" 혹은 "신령한"의 의미와 "이성적", "합당한"이라는 의미는 얼핏 상반되는 것처럼 보입니다. 아마도 무언가를 생각하고 사고하는 생각과 마음과 관련된 의미로서 '영적'이라는 의미로, 그리고 이성적으로 사고하고 분석하는 의미의 측면에서 '이성적', '합당한'이라고 번역될 수도 있을 것입니다. 이처럼, 다양한 의미를 담은 번역본들을 살펴보면 다음과 같습니다.

그것이 여러분이 드릴 진정한 예배입니다. [공동번역]
이것이 여러분이 드릴 합당한 예배입니다. [새번역]
이것은 여러분이 드릴 영적 예배입니다. [현대인의성경]

this is your spiritual act of worship. [NIV]

which is your spiritual service of worship. [NASB]

(1) 영적 예배

단어의 뜻이 아니라 문맥적 의미에서 본다면 '영적'이라는 번역이 자연스럽습니다. 여기서 말하는 제사는 과거에 죽은 제물을 드렸던 제사와는 다른 제사를 의미합니다. 즉, 살아있는 우리 자신을 드리는 새로운 개념의 제사를 말합니다. 이처럼, 과거와는 다른 새로운 의미에서 영적이라는 표현을 썼다고 할 수 있습니다. 이는 구약의 육적이고 물질적인 개념의 제물 혹은 제사와 차별되는 것입니다. 다시 말하면, '육적'인 것에 대비된 개념으로서 '영적'이라는 의미입니다. 사도는 동물이 아니라 우리의 몸을 하나님께 제물로 드릴 것을 요구합니다. 이것은 진짜 육체를 드리라는 것이 아닌 영적인 의미로 받아들이라는 의미입니다.

과거 이스라엘 백성들이 드렸던 제사는 어떠했습니까? 그것은 죄의 문제 해결, 헌신 그리고 공동체성의 회복 등을 위해서 하나님께 특정한 형식을 가지고 드리는 종교적 행위였습니다. 그 제사에는 제물이 필요했고 제물의 피는 핵심이었습니다.

율법을 따라 거의 모든 물건이 피로써 정결하게 되나니 피흘림이 없은즉 사함이 없느니라 (히브리서 9:22)

그런데 사도 바울은 우리에게 이스라엘이 성전에서 드리는 제사를 넘어서는 새로운 제사와 예배에 대해서 말하고 있습니다. 그 제사는 동물을 드리는 것이 아니라 우리의 몸, 다시 말해, 우리의 삶 전체를 드리는 것이며, 죽은 제물을 드리는 것이 아니라 살아 있는 우리의 삶을 날마다 드리는 것이며, 하나님이 기뻐하시는 거룩하고 구별된 삶으로 드리는 것입니다. 그는 이것이 바로 우리가 드려야 할 예배의 모습이라고 선언합니다. 이런 주장은 바울이 로마서 앞부분에서 계속해서 강조했던 율법의 한계를 지적한 것과 일맥상통합니다.

(2) 합당한, 마땅한 예배

영적 예배를 '이성적' 혹은 '합리적' 예배로 번역할 수도 있습니다. 이성적, 합리적이라고 번역한다면 '우리가 우리의 몸을 제물로 드리는 것이 우리가 마땅히 드려야 할 예배'라는 뜻이 됩니다. 그래서 앞서 살폈듯이 새번역 성경에서는 "합당한"으로 번역했습니다.

형제자매 여러분, 그러므로 나는 하나님의 자비하심을 힘입어 여러분에게 권합니다. 여러분의 몸을 하나님께서 기뻐하실 거룩한 산 제물로 드리십시오. 이것이 여러분이 드릴 합당한 예배입니다. [새번역]

공동번역에서는 "진정한" 예배로 번역했습니다.

그러므로 형제 여러분, 하느님의 자비가 이토록 크시니 나는 여러분에게 권고합니다. 여러분 자신을 하느님께서 기쁘게 받아주실 거룩한 산 제물로 바치십시오. 그것이 여러분이 드릴 진정한 예배입니다. [공동번역]

무슨 의미입니까? 우리가 하나님께 우리의 몸을 제물로 드리는 것이 우리가 드릴 마땅한, 당연한 예배의 모습이라는 의미입니다. 우리의 삶을 모두 드리는 것은 특별하거나 대단한 헌신이 아닙니다. 그것은 구원받은 그리스도인이 드려야 할 합당한 예배의 삶입니다. 율법주의자들은 제사를 드리는 형식과 예식 자체에만 집중했습니다. 하지만 그들의 삶은 온전히 하나님을 향하지 못했습니다. 율법의 조항을 지키는 일에는 애를 썼지만, 율법이 정말 추구했던 하나님을 사랑하고 이웃을 사랑하는 일에는 헌신하지 않았습니다. 이런 문제에 대해서 바울은 이제는 우리의 삶을, 몸을 제물로 드리라고 요구합니다. 그리고 이러한 태도가 구원받은 성도가 '마땅하고 당연하게' 하나님을 섬기는 모습이라고 말하는 것입니다. 우리의 모든 일상과 존재 자체가 하나님께 드려지는 산 제물이 되어야 합니다.

4. 예배자로의 부르심

바울은 구원받은 그리스도인이 하나님 앞에서 어떻게 살아야 하는지 기본적인 삶의 규범들을 로마서 12장 1절과 2절에서 설명합니다. 그는 우리의 몸을 하나님이 기뻐하시는 거룩한 산 제물로 드리라고 권면합니다.

이러한 바울의 권면은 매우 중요합니다. 매우 중요하기에 반드시 행해야 하지만, 막상 삶에서 실천하기란 결코 쉽지 않습니다. 우리의 삶을 하나님 앞에 제물로 드려야 하는데, 그 제물은 어떤 것이어야 합니까? 그 제물은 아무것이나 되어서는 안 됩니다. 오직 하나님이 기뻐하시는 제물이어야 합니다. 우리의 삶이 하나님이 기뻐하시는 제물이 되지 않고서는 우리가 드리는 예배가 하나님이 받으실 마땅하고 합당한 예배가 되지 못한다는 뜻입니다. 하나님께 드려야 하는 삶은 거룩한 삶이어야 합니다. 거룩하고 구별된 제물이 되어야 하나님이 받으실만한 예배를 드릴 수 있습니다.

여기에서 끝일까요? 아닙니다. 우리는 거룩하고 구별된 제물이 될 뿐 아니라, 산 제물이 되어야만 합니다. 즉, 한번이 아니라 날마다 하나님께 드려지는 삶을 살아야 합니다. 우리의 삶 전부가 모두 하나님의 것이기 때문입니다. 이렇게 오늘의 순간순간을 하나님께 드릴 때, 우리는 하나님이 찾으시는 참 예배자가 될 수 있습니다. 예배란 한정된 장소에서 한정된 시간에 드려지는 것이 아닙니다. 우리의 삶 전체를 드리는 것이 예배라는 인식이 있을 때, 우리는 비로소 삶의 참 의미를 발견할 수 있습니다. 우리의 삶은 매 순간순간 하나님께 드려져야 하기에 의미 있고 소중한 것입니다. 우리 각자의 삶을 하나님이 받으실만한 예배의 제물로 온전히 드릴 수 있도록 힘써야 할 것입니다.

그렇다고 해서 우리가 모여서 드리는 예배가 별것이 아닌 것은 아닙니다. 주일 예배나 경건 모임들을 결코 소홀히 여겨서는 안 됩니다. 매 순간순간이 중요하기에 주일에 모여서 드리는 예배 또한 중요합니다. 무엇보다도 주일의 예배는 공동체성을 가지고 있으므로 또 다른 의미에서 매우 중요한 예배입니다. 건강한 그리스도인은 공동체가 함께 드리는 공예배도 소중하게 생각합니다.

구원받은 성도로서 특정한 의식이나 행위에 지나치게 치중하는 것은 바람직하지 않습니다. 우리는 삶 전체를 하나님께 드리는데 집중해야 합니다. 지금도 하나님은 이렇게 합당하고 마땅한 예배를 드리는 사람을 찾고 계십니다. 이런 하나님의 부르심에 날마다 응답하고 계십니까? 이 영광스러운 부르심에 전심으로 반응하여 삶으로 영광 돌리는 여러분이 되시길 바랍니다.

우리는 이번 장에서 영적 예배에 대해 깊이 살펴보고 있습니다. 영적 예배는 단순히 종교적인 행위를 넘어, 우리가 창조주 하나님께 마땅히 드려야 할 합당한 예배입니다. 피조물인 우리가 창조주 하나님 앞에 서는 것은 당연한 일입니다. 그러므로 그분께 우리의 모든 것을 드리고자 하는 것은 그리스도인이 가져야 할 합당한 삶의 태도입니다. 하지만 안타깝게도 많은 그리스도인들이 그런 삶을 살지 못합니다. 겉으로는 예배하는 것처럼 보이지만, 그 마음과 삶이 하나님께 온전히 드려지지 못하는 경우가 많습니다.

그래서 하나님은 지금도 "영과 진리로 예배하는 자"를 찾고 계십니다. 형식적인 예배나 맹목적 열심이 아니라, 성령의 인도하심 안에서 진리 되신 말씀에 근거하여 우리의 전 존재를 드리는 예배자를 찾고 계십니다. 하나님은 우리가 우리의 육체만을 원하시는 분이 아니십니다. 그분은 우리의 시간, 물질, 꿈, 계획 등, 우리의 삶 전체를 헌신하여 당신께 영광 돌리기를 원하십니다. 우리가 하나님을 마음과 목숨과 뜻을 다해 사랑할 때, 우리의 모든 일상이 합당한 예배가 될 것입니다. 삶을 통해 하나님을 예배하고, 그리스도의 몸 된 공동체로서 서로를 세워갈 때, 우리는 진정으로 하나님이 기뻐하시는 예배자가 될 것입니다.

제8장 이 세대를 본받지 말라

●

너희는 이 세대를 본받지 말고 오직 마음을 새롭게 함으로 변화를 받아 하나님의 선하시고 기뻐하시고 온전하신 뜻이 무엇인지 분별하도록 하라 (로마서 12장 2절)

바울은 11장까지 그리스도인들이 어떻게 구원을 얻는가에 대해 논증했습니다. 그리고 12장 1절부터는 구원받은 그리스도인들이 어떻게 살아가야 하는지에 관해 권면하고 있습니다. 그는 1절에서 우리의 몸(우리 삶 전체)을 제물로 드려야 한다고 가르칩니다. 그리고 이렇게 제물을 드리는 것이 우리가 마땅히 드려야 할 예배라고 말합니다. 부분이 아닌 전부를 드리는 삶이야말로 하나님께서 기뻐받으시는 온전한 예배임을 기억해야 합니다.

그렇다면 우리는 어떤 모습으로 삶의 예배를 드려야 할까요? 바울은 2절을 통해 그에 대한 답을 제시합니다. 2절은 3가지 명령으로 정리할 수 있습니다. "본받지 말라", "변화를 받으라", "분별하라" 입니다. 본 장에서는 "이 세대를 본받지 말라"는 부분을 살펴보도록 하겠습니다.

1. 이 세대를 본받지 말라

(1) 이 세대는 누구인가?

사도는 이 세대를 본받지 말라고 명령합니다. 그렇다면 이 세대는 무엇이고, 누구를 가리키는 것입니까? 일차적인 의미는 사도 바울이 살고 있는, 즉 로마서의 수신자인 로마 성도들이 살고 있는 그 시대의 사람들과 그들의 문화를 말합니다. 로마의 성도들이 살았던 시대는 어떤 시대입니까? 세계 최강의 로마 제국의 번영 아래 풍요와 평화를 누렸던 황금시대였습니다. '모든 길은 로마로 통한다'라는 말이 있을 정도로 로마는 화려한 건물과 정비된 도로, 하수 시설까지 갖춘 강성대국이었습니다. 오늘날 우리가 책이나 영상을 통해 보는 로마 제국은 어떠합니까? 21세기를 살아가는 우리에게도 로마는 화려하고 강성하며, 문화적으로 찬란했던 최강의 제국이라는 인식이 있습니다. 하물며 그 당시를 살아가는 사람에게는 어땠겠습니까? 당연히 로마의 문화와 양식, 사상 등이 가장 멋지고 좋다고 생각하지 않았을까요? 로마는 이미 수백 년 동안 검증된 나라였습니다. 당시 세상 어디에도 로마와 같은 나라는 없었습니다. 로마라는 거대한 제국은 무너뜨릴 수 없는 견고한 성과 같고 너무나도 화려한 궁전과 같았습니다. 로마는 그 어느 나라와도 비견될 수 없는 독보적인 위치를 누린 나라였습니다. 로마의 문화는 어떠했습니까? 서양 문화의 뿌리라고 할 수 있는 그리스 문화에 영향을 받은 그들의 문화는 문학, 미술, 음악, 체육, 건축 등 여러 분야에서 찬란한 꽃을 피우고 있었습니다. 지금도 남아 있는 로마의 건축물을 보십시오. 당시 로마가 얼마나 화려한 문화와 기술을 가지고 있었는지 짐작하기에 충분합니다. 그러므로 뒤에서 살펴보겠지만, 이처럼 전통 깊고 번영한 문화와 삶의 양식을 거부한다는 것은 매우 어려운 일입니다. 어쩌면 거의 불가능에 가까운 일일지도 모릅니다.

본문의 일차 독자인 로마 그리스도인들에게 이 세대란 곧 화려하고 강성한 로마 제국이었습니다. 하지만 그 화려하고 위대한 로마의 문화 어디에 하나님이 있습니까? 아무리 화려하고 번영한 문화일지라도 거기에 하나님이 없다면 우리는 그것을 본받아서는 안 됩니다. 바울이 본받지 말라고 말하는 '이 세대'는 일차적으로 하나님이 없는 로마 제국과 당시의 문화를 말합니다. 그렇다면 오늘날 우리에게 적용할 수 있는 '이 세대'란 무엇입니까? 바울 당시와 마찬가지로 우리가 살고 있는 이 시대 사람들의 가치관과 문화와 삶의 방식이라고 할 수 있습니다. 오늘날의 문화이냐, 과거의 로마 문화이냐가 중요한 것이 아닙니다. 어떤 문화, 어떤 세대, 어떤 나라인가가 핵심이 아니라는 뜻입니다. 성경이 말하는 이 세대는 궁극적으로 하나님을 섬기지 않는 세상의 모든 것을 말합니다. 하나님을 거부하는 가치관과 문화일 수 있고, 더 근원적으로는 죄로 점철된 문화와 세대를 지칭하는 것으로 볼 수 있습니다. 하나님을 떠나 하나님을 거부하고 자신들만의 바벨탑을 쌓는 세대 말입니다. 이러한 세대는 아담과 하와 이래로 계속 이어져 왔습니다. 이들은 곧 하나님을 떠나 죄악으로 가득했던 노아시대 사람들이고, 바벨탑으로 하나님을 대적했던 사람들이며, 선택된 민족이라고 하지만 여전히 하나님을 믿지 않고 애굽을 그리워했던 광야의 이스라엘이었습니다. 하나님의 약속의 말씀을 신뢰하지 않고 가나안을 정복하지 못했던 이스라엘이며, 하나님의 율법을 져버리고 종교적 형식만 갖춘 율법주의의 유대였습니다. 위대한 로마 제국의 비호 아래 화려한 기독교 문화를 꽃 피웠지만, 여전히 하나님을 경외하기를 거부했던 중세 또한 마찬가지였습니다. 하나님을 떠난 이 모든 세대가 바로 바로 그 시대의 "이 세대" 였습니다. 산업의 발전과 물질의 풍요를 만들어 냈지만, 여전히 맘몬을 섬기며 하나님을 거부하는 오늘의 세대가 바로 바울이 거부하기를 종용하는 세대입니다.

(2) 본받지 말라

하나님이 원하시는 삶은 이 세대를 본받지 않은 삶입니다. 그렇다면 본받는다는 의미는 무엇입니까? "본받다"라는 원어의 뜻은 "~같은 모양이 되다, ~에 순응하다"라는 의미입니다. 이 세대를 닮으려 하고 그 가치관과 방향에 순응하면서 사는 것을 의미합니다.

사람들은 자신이 속한 사회 분위기에 영향을 받으며 살아갑니다. 소위 말하는 유행도 마찬가지 현상입니다. 특정 생각이나 표현, 혹은 상품이 여러 사람에 의해 선택되어 인기를 얻습니다. 그러면 그것이 하나의 흐름이 되어 더 많은 사람에게 영향을 주면서 퍼집니다. 그것을 우리는 유행 혹은 대세라고 말합니다. 하지만 우리는 많은 사람이 선택하고 따른다고 해서 무작정 이를 좇아서는 안 됩니다. 유행이기 때문에, 혹은 좋아 보이기 때문에 무분별하게 세상의 흐름을 따르는 것을 경계해야 할 것입니다. 많은 사람이 따른다고 해서 그 방향이 늘 옳은 것은 아니기 때문입니다. 좋아 보이는 것과 옳은 것 또한 별개의 문제입니다.

우리는 하나님의 백성으로서 하나님이 원하시는 삶의 방향을 따라 살아야 합니다. 하나님의 백성들은 세상과는 다른 모습, 다른 가치관으로 살아가는 사람들입니다. 우리는 세상의 가치관과 삶의 방식에 순응해서는 안 됩니다. 바울은 당시 편지의 수신자인 로마 성도들에게 이 세대를 따라 살면 안 된다고 힘주어 말합니다. 로마의 체계와 문화를 거부하고, 그리스도인으로서 믿음을 따라 살아가는 삶은 쉬운 것일까요? 그렇지 않습니다. 세대를 본받지 않고 오직 믿음을 따라 사는 삶에는 로마의 박해 등 여러 가지 어려움이 따랐습니다. 로마의 문화를 수용하고, 그들의 양식을 따라 살면 어떠했을까요? 문화적 혜택과 풍요함, 안락함을 누리는 삶이 기다리고 있었을지도 모릅니다. 유대교의 가르침을 따라 산다면 어떠했을까요? 아마도 유대교의 존중과 지지 아래 무리 없이 살아갈 수 있었을 것입니다. 이처럼 '이 세대'를 본받는 삶은 겉으로 보기에 평화롭고 안정적일지도 모릅니다. 하지만 구원받은 성도가 살아야 할 삶은 그러한 삶이 아닙니다.

이 세상은 우리에게 거대하고 화려한 로마 제국처럼 보입니다. 하지만, 아무리 매력적으로 보이고 안정감을 주는 듯 보일지라도 거기에 속아서는 안 됩니다. 세상은 우리가 섬기고 사랑해야 할 대상이지, 본받고 따라야 할 대상이 아니기 때문입니다. 이 세대가 아무리 우리에게 손짓하며 유혹한다 할지라도, 우리는 그 유혹을 단호히 거부하고 오직 하나님만을 바라봐야 합니다. 우리를 진정으로 살리고 참된 생명을 주는 것은 세상의 헛된 약속이 아니라, 하나님의 변치 않는 진리입니다. 이 진리를 마음에 새겨 절대로 잊지 말아야 합니다.

2. 이스라엘의 역사

이 세대를 본받지 말라는 명령은 성경 전반에 걸쳐 반복되고 강조됩니다. 이는 이 명령이 얼마나 중요한지 보여주는 분명한 증거입니다. 이처럼 중요한 명령을 여러분은 바르게 이해하고 실천하고 있습니까? 그렇지 않다면 온전한 신앙생활은 불가능합니다. 이 명령은 그만큼 핵심적인 가치를 담고 있습니다. 어떤 면에서 보면 성경은 불순종과 실패의 역사를 기록한 책입니다. 그 속에는 하나님의 백성들이 그분의 명령에 순종하지 못하고 세상을 따르다 실패한 이야기들이 가득합니다. 그 대표적인 예가 출애굽 이후 가나안 땅에 들어간 이스라엘 백성의 모습입니다.

하나님께서는 가나안 입성을 앞둔 이스라엘 백성들에게 가나안 족속들을 모두 죽이라고 명령하셨습니다. 이러한 명령을 하신 데는 몇 가지 이유가 있습니다. 우선 가나안 족속의 악을 심판한다는 뜻이 담겨 있습니다. 하나님은 이스라엘이 이집트에서 해방되어 가나안으로 들어가게 될 것을 이미 말씀하셨습니다. 그리고 이스라엘이 가나안으로 돌아가는 것은 가나안 족속의 죄악과 관련이 있다고 하셨습니다.

> 네 자손은 사대 만에 이 땅으로 돌아오리니 이는 아모리 족속의 죄악이 아직 가득 차지 아니함이니라 하시더니 (창세기 15:16)

하나님의 백성이 된 이스라엘은 하나님의 도구가 되어 죄악으로 가득한 가나안을 심판해야 했습니다. 심판의 도구로 이스라엘을 사용하고자 하신 것입니다. 하지만 이스라엘은 이 일을 제대로 감당하지 못했습니다.

하나님이 가나안 족속을 모두 멸하라 하신 또 다른 이유가 있습니다. 이스라엘 백성들이 가나안의 풍속과 그들이 섬기던 신을 섬겨 타락하게 될 것을 염려하신 것입니다. 하나님은 세상의 문화가 얼마나 이스라엘 백성들에게 달콤하고 매력적인지 알고 계셨습니다. 그래서 하나님은 가나안의 타락한 문화에서 이스라엘을 보호하기를 원하셨습니다.

그들이 네 땅에 머무르지 못할 것은 그들이 너를 내게 범죄하게 할

까 두려움이라 네가 그 신들을 섬기면 그것이 너의 올무가 되리라
(출애굽기 23:33)

29 네 하나님 여호와께서 네가 들어가서 쫓아낼 그 민족들을 네 앞
에서 멸절하시고 네가 그 땅을 차지하여 거기에 거주하게 하실 때
에 30 너는 스스로 삼가 네 앞에서 멸망한 그들의 자취를 밟아 올무
에 걸리지 말라 또 그들의 신을 탐구하여 이르기를 이 민족들은 그
신들을 어떻게 섬겼는고 나도 그와 같이 하겠다 하지 말라 (신명기
12:29~30)

하나님께서는 이스라엘 백성이 구별된 거룩한 백성으로서 정체
성을 온전히 지키며 살아가기를 원하셨습니다. 이를 위해 그들은
가나안 족속들의 잘못된 행위와 문화를 본받지 않아야 했습니다.

네 하나님 여호와께서 네게 주시는 땅에 들어가거든 너는 그 민족
들의 가증한 행위를 본받지 말 것이니 (신명기 18:9)

그뿐만 아닙니다. 하나님께서는 이스라엘이 애굽에서 배웠던
풍습도 버려야 한다고 말씀하셨습니다. 400년 동안 그들 안에 깊
이 자리 잡았던 잘못된 것들을 모두 버리고 새롭게 시작할 것을 요
구하신 것입니다. 하나님은 레위기 18장 30절에서 다음과 같이 경
고하십니다.

그러므로 너희는 내 명령을 지키고 너희가 들어가기 전에 행하던 가증한 풍속을 하나라도 따름으로 스스로 더럽히지 말라 나는 너희의 하나님 여호와이니라 (레위기 18:30)

하나님은 이스라엘이 하나님을 알지 못하는 이방 민족들의 풍습과 우상숭배의 삶을 철저히 청산하기를 원하셨습니다. 가나안 땅에 들어간 이후에도 그 땅의 삶의 방식을 따르지 않고, 구별된 삶, 곧 거룩한 삶을 살기를 원하셨습니다. 그러나 이스라엘 백성은 가나안 족속을 완전히 쫓아내는 데 실패하였습니다. 사사기 1장은 그들이 가나안 족속을 몰아내지 못했다는 사실을 반복적으로 기록합니다. 그리고 결국, 하나님께서 염려하신 대로 이스라엘은 가나안 족속의 풍습을 따르게 되었습니다. 이는 하나님을 배반하며 다른 신들을 섬기는 무서운 결과로 이어졌습니다.

11 이스라엘 자손이 여호와의 목전에 악을 행하여 바알들을 섬기며 12 애굽 땅에서 그들을 인도하여 내신 그들의 조상들의 하나님 여호와를 버리고 다른 신들 곧 그들의 주위에 있는 백성의 신들을 따라 그들에게 절하여 여호와를 진노하시게 하였으되 (사사기 2:11~12)

하나님의 백성들이 자신들의 정체성을 잃고 이방인의 삶을 따랐던 이야기는 성경 곳곳에 반복해서 나타납니다. 이들은 하나님을 전혀 모르는 자들이 아니었습니다. 분명히 하나님의 언약 백성이었습니다. 그러나 그들은 하나님의 백성으로서의 정체성을 지키는 데 실패하였습니다. 세상을 본받으려는 유혹에서 벗어나지 못하면, 하나님의 백성답게 살아가는 것은 불가능합니다. 우리가 지금 다루고 있는 로마서 본문 역시 "너희는"이라는 말로 시작됩니다. 여기서 말하는 '너희'는 누구입니까? 불신자입니까? 아닙니다. 분명히 신자입니다. 곧, "이 세대를 본받지 말라"는 명령은 구원받은 성도들에게 주어진 말씀입니다. 성도라 해도 항상 하나님만을 따르며 살아가는 것은 아닙니다. 믿음이 약해질 때면 세상을 향해 시선을 빼앗기고, 유혹에 굴복하기 쉽습니다. 그러므로 우리는 항상 깨어 있어야 합니다. 세상의 유혹을 분별하고 거부하며, 하나님 앞에서 우리의 정체성을 지켜내야 합니다.

우리는 구원 받았고, 하나님의 은혜를 경험한 그분의 백성입니다. 그럼에도 불구하고 우리 안에는 여전히 세상을 사랑하고 세상의 방식을 따르고자 하는 욕망이 남아있습니다. 성경은 성도의 삶에 이러한 내면의 갈등과 세속적인 욕망이 여전히 존재한다는 것을 여러 곳에서 언급하고 있습니다. 하나님의 백성이라 할지라도, 그 마음속에는 여전히 옛 사람의 흔적이 남아 있기 때문입니다. 우리는 세상을 향한 유혹에 끊임없이 노출되어 있다는 사실을 잊어서는 안 됩니다.

15 이 세상이나 세상에 있는 것들을 사랑하지 말라 누구든지 세상을 사랑하면 아버지의 사랑이 그 안에 있지 아니하니 16 이는 세상에 있는 모든 것이 육신의 정욕과 안목의 정욕과 이생의 자랑이니 다 아버지께로부터 온 것이 아니요 세상으로부터 온 것이라 17 이 세상도, 그 정욕도 지나가되 오직 하나님의 뜻을 행하는 자는 영원히 거하느니라 (요일 2:15~17)

14 너희가 순종하는 자식처럼 전에 알지 못할 때에 따르던 너희 사욕을 본받지 말고 15 오직 너희를 부르신 거룩한 이처럼 너희도 모든 행실에 거룩한 자가 되라 16 기록되었으되 내가 거룩하니 너희도 거룩할지어다 하셨느니라 (벧전 1:14~16)

이러한 욕망을 다스리지 못하면 어떻게 될까요? 그리스도인은 하나님의 은혜에서 벗어나 헛된 삶을 살아갈 위험에 처하게 됩니다. 하나님께서 우리를 부르신 목적은 거룩한 삶에 있으며, 우리는 그 부르심을 온전히 따라 살아가야 합니다. 바로 이 길이 하나님께서 기뻐하시는 길이며, 참된 생명을 누리는 길입니다.

그러므로 "이 세대를 본받지 말라"는 명령은 매우 중요한 하나님의 명령입니다. 하나님의 백성이라면 절대로 이 세상의 가치와 방식을 따라서는 안 됩니다. 그러나 안타깝게도 수많은 하나님의 백성들이 이 말씀에 온전히 순종하지 못하고 넘어졌습니다. 이스라엘의 역사는 바로 이 명령에 실패한 안타까운 반복의 기록입니다.

우리는 이 역사를 가벼이 지나치지 않고, 실패를 통해 교훈을 얻는 지혜로운 자가 되어야 합니다. 어리석은 사람은 역사의 교훈을 무시하고 같은 실수를 되풀이합니다. 그러므로 우리는 "이 세대를 본받지 말라"는 하나님의 교훈에 귀 기울여야 합니다. 이 말씀에 순종하기 위해 끊임없이 자신을 돌아보고 고민하며 애써야 합니다.

우리는 구원받은 하나님의 자녀입니다. 그리스도 안에서 거듭나 새 신분으로 변화된 사람인 것입니다. 새사람이 된 우리가 이 세대를 본받으려 하는 이유는 무엇일까요? 우리의 마음과 시선은 왜 새로운 신분을 따라 변화하지 않고, 여전히 세상을 향하고 있는 것일까요?

3. 이 세대를 본받으려는 이유

이스라엘 백성들은 가나안 전쟁에서 패배했습니다. 하나님의 명령대로 가나안 족속을 쫓아내지 못했을 뿐 아니라, 오히려 그들의 문화와 풍습에 물들어 갔습니다. 가나안 정복이라는 중대한 사명을 맡은 이스라엘은 누구입니까? 그들은 하나님의 놀라운 은혜를 몸소 경험한 사람들이었습니다. 애굽을 열 가지 재앙으로 치신 하나님의 전능하신 손길을 목격했고, 홍해를 가르시는 기적을 눈으로 보았으며, 날마다 하늘에서 내리는 만나를 먹고, 구름 기둥과 불기둥의 인도를 받으며 광야를 지나온 백성이었습니다. 그뿐만이 아닙니다. 그들은 요단강이 갈라지는 기적을 통해 가나안 땅에 들어섰습니다. 또, 아무도 무너뜨릴 수 없을 것 같았던 여리고 성이 말씀에 순종할 때 무너지는 놀라운 일을 체험했습니다. 다시 말해, 이스라엘의 실패는 기적이 부족해서도, 하나님의 은혜가 모자라서도 아니었습니다. 부족함이 없음에도 불구하고, 그들은 왜 가나안 족속을 몰아내지 못했을까요? 놀라운 경험을 한 하나님의 백성이 오히려 이방 민족의 영향을 받아 하나님과 멀어지게 된 이유는 무엇일까요?

구원의 은혜를 체험하고도, 심지어 하나님의 살아계심을 삶 속에서 경험하고도 우리는 세상을 향할 수 있습니다. 왜 그리스도인들은 점점 세상 사람들과 닮아가며, 그들의 삶의 방식과 가치를 따르려 하는 것일까요?

(1) 좋아 보이기 때문

어떤 대상을 본받고 따르고 싶은 마음이 드는 가장 기본적인 이유는 단순합니다. 그 대상이 좋아 보이기 때문입니다. 인간은 본능적으로 자신에게 좋아 보이고, 매력적으로 느껴지는 것을 따르려는 경향이 있습니다. 보기에 좋지 않고 싫은 것을 따르고 싶은 사람이 어디에 있을까요? 무언가를 본받고 싶은 이유는 단순합니다. 그것이 더 낫고, 더 멋져 보이며, 나에게 더 큰 유익을 줄 것처럼 보이기 때문입니다.

사람들이 유행하는 패션을 따르는 이유는 무엇일까요? 그것이 자신을 더 세련되고 매력적으로 보이게 만들 것이라는 기대 때문입니다. 특정 제품을 구매하려는 이유도 마찬가지입니다. 그 제품이 나의 삶을 더 편리하게, 더 풍요롭게 만들어 줄 것이라는 믿음 때문입니다. 이렇듯 우리는 '좋아 보이는 것'에 끌리고, '유익해 보이는 것'을 소유하려 하며, 그것을 본받으려 합니다.

그렇다면 다시 질문해 봐야 합니다. 왜 세상이 좋아 보일까요? 하나님의 백성이 되었음에도 왜 우리들은 여전히 세상의 가치와 삶의 방식에 호감을 느끼는 것일까요? 그 이유는 진정한 가치를 모르거나, 혹은 잊었기 때문입니다. 하나님, 영적인 것, 참된 복의 본질에 대해 깊이 생각하지 않기 때문입니다. 이러한 무지 혹은 망각은 참된 진리보다 세상의 것이 더욱 매력적으로 보이도록 합니다.

세상의 생각은 하나님을 떠난 것이며, 많은 경우 악한 욕망과 자기중심성으로 가득 차 있습니다. 물론 세상의 모든 것을 무조건적으로 배격해야 한다는 것은 아닙니다. 현대 문명과 문화, 기술 중 다수는 중립적인 성격을 지니고 있습니다. 그것들 자체가 선하거나 악한 것은 아닙니다. 문제는 그처럼 중립적인 것들이 악한 도구로 변질하기 쉽다는 데 있습니다. 대개는 인간의 악한 죄성과 중립적인 가치들이 결합할 때, 이런 일이 일어나기 마련입니다.

예를 들어, 돈을 생각해 봅시다. 돈 자체는 악한 것이 아닙니다. 오히려 사회적 질서를 유지하고 거래를 가능케 하는 유용한 수단입니다. 하지만 돈을 사랑할 때, 즉 돈이 단순한 수단을 넘어 인생의 목적이 되고, 그로 인해 탐욕과 이기심이 생겨날 때, 돈은 악한 결과를 낳습니다. 더 많은 돈을 얻기 위해 거짓을 말하고, 정당한 대가를 주지 않으며, 약자를 착취하게 됩니다. 결국 돈은 맘몬이 되어 인간을 지배하고, 하나님이 계셔야 할 자리를 대신하게 됩니다.

하나님의 나라에 집중하지 못할 때, 하나님이 보여주시는 하늘의 가치에서 멀어질 때 우리는 세상에 눈을 돌리게 됩니다. 바로 그때 여전히 우리 안에 있어 호시탐탐 기회를 노리는 죄가 그 시선과 결탁하여 우리를 거짓 가치관의 덫에 빠지게 한다는 사실을 기억해야 합니다. 일찍이 믿음의 선배들이 깨달았듯이 인간의 마음은 진공상태일 수 없습니다. 하나님으로 채워지거나 세상으로 채워지게 되어있습니다. 하나님으로 우리 자신을 채우지 않으면, 그분의 은혜로 채우지 않으면, 하늘의 가치로 가치관을 채우지 않으면, 시선을 하늘에 두지 않으면 우리는 세상을 따를 수밖에 없습니다.

하나님께 가치를 두지 않고 세상의 것에 가치를 둘 때, 우리는 세상 것을 추구하게 됩니다. 그래서 성경은 세상이 아닌 위의 것을 찾고 생각하라고 권면합니다.

> 1 그러므로 너희가 그리스도와 함께 다시 살리심을 받았으면 위의 것을 찾으라 거기는 그리스도께서 하나님 우편에 앉아 계시느니라 2 위의 것을 생각하고 땅의 것을 생각하지 말라 (골로새서 3:1~2)

우리의 생각은 하나님께 집중되어야 합니다. 나아가 생각뿐 아니라 우리의 시선도 하나님께 향해야 합니다. 우리가 주목해야 할 것은 육적인 것이나 세상적인 것이 아닙니다. 눈앞에 보이는 것들에 우리의 마음과 시선을 빼앗겨서는 안 됩니다. 육신의 눈에 좋아 보이는 것들은 결코 영원하지 않으며, 결국 우리에게 참된 행복을 줄 수도 없습니다. 그러나 세상은 끊임없이 헛된 가치들로 우리를 유혹합니다. 외적인 화려함, 일시적인 만족, 문화적 유행 등은 겉보기에 그럴듯해 보이지만, 우리 영혼을 진정으로 만족시킬 수 없습니다. 그러므로 우리의 초점은 이 세대가 추구하는 가치와 눈에 좋아 보이는 문화를 따르는 데 있어서는 안됩니다. 오직 영원한 생명을 주시는 하늘의 자원을 바라보는 데 초점을 두어야만 합니다.

> 우리가 주목하는 것은 보이는 것이 아니요 보이지 않는 것이니 보이는 것은 잠깐이요 보이지 않는 것은 영원함이라 (고린도후서 4:18)

하나님의 백성은 하나님으로부터 나오는 영원한 것에 초점을 맞추어야만 합니다. 아담과 하와의 실패는 어디에서 비롯되었습니까? 말씀을 기준으로 판단하지 않고, 보이는 대로 판단했기 때문입니다. 그들은 하나님의 말씀에 집중하지 않고, 눈앞에 보이는 것에 시선을 빼앗겼습니다. 성경은 하와가 선악을 알게 하는 나무의 열매를 "보고" 그의 마음이 바뀌었다고 말합니다.

> 여자가 그 나무를 본즉 먹음직도 하고 보암직도 하고 지혜롭게 할 만큼 탐스럽기도 한 나무인지라 여자가 그 열매를 따먹고 자기와 함께 있는 남편에게도 주매 그도 먹은지라 (창세기 3:6)

우리의 시선은 바른 가치판단을 흐리게 만드는 걸림돌이 될 수 있습니다. 시각은 인간에게 있어 정보를 얻는 강력한 통로 중 하나입니다. 그러나 그 시각이 항상 진실을 전하는 것은 아닙니다. 오히려 시각은 종종 우리를 속이고, 판단을 흐리게 만듭니다. 인터넷에서 착시효과를 검색해 보십시오. 시각이라는 감각이 얼마나 보잘것없는 정보를 우리에게 제공하는지 금방 확인할 수 있습니다. '내가 봤다'라는 말이 무엇보다 확실한 근거 같지만 실상은 그렇지 않을 수 있습니다. 우리는 시각을 매우 객관적인 감각기관으로 생각하지만 실상은 그렇지 않습니다. 시각은 오히려 왜곡된 정보의 통로가 되기도 합니다. 하지만 사람들은 대체로 시각을 절대적으로 신뢰합니다. 때문에 시각을 통해 들어온 정보를 부정하기란 쉽지 않습니다.

화려하고 매혹적인 세상을 부정하기란 당연히 어렵습니다. 그것은 믿음의 눈을 뜨지 않고서는 불가능합니다. 눈에 보이는 강력한 자극을 무작정 수용하지 않으려면 어떻게 해야 할까요? 참된 가치에 눈을 떠야 합니다. 이것은 우리의 힘으로는 불가능합니다. 그러므로 우리는 믿음의 눈으로 세상을 바라볼 수 있는 은혜를 간절히 구해야 합니다. 보이는 것이 전부가 아닙니다. 보이지 않는 것을 볼 수 있는 자만이, 하나님이 기뻐하시는 삶을 따라갈 수 있습니다.

눈에 보이는 것이 전부가 아닌 것처럼, 느낌과 감정도 마찬가지입니다. 그것들은 우리의 판단을 심각하게 왜곡시킬 수 있습니다. 감정은 때로 모든 이성을 삼켜버릴 듯한 위력으로 우리의 삶을 지배합니다. 오늘날 많은 사람들은 하나님의 말씀이 무엇이냐보다, 내가 무엇을 느끼느냐를 더욱 중요하게 여깁니다. 하나님께서 "두려워하지 말라"고 말씀하셔도, 당장 두려움이 밀려오면 우리는 그 감정에 지배당합니다. 그렇게 느껴진다는 이유로 잘못된 판단을 정당화하며 하나님의 말씀을 뒤로 미룹니다. "원수를 사랑하라"는 하나님의 명령 앞에서는 어떠합니까? 엄중한 하나님의 명령도 미움의 감정 앞에서는 무기력해집니다. 미움은 내 안에 생생히 존재하지만, 사랑은 멀게만 느껴지기 때문입니다. 심지어 하나님의 사랑에 대해서조차 마찬가지입니다. 단순히 느껴지지 않는다는 이유로, 사람들은 그것이 실재하지 않는다고 여깁니다. 느끼지 못하면, 있던 사실도 없는 것이 되고, 없던 것도 실제처럼 생각됩니다. 우리는 세상의 문화와 가치관이 좋고 유익하다고 느껴지면 쉽게 수용하고 정당화합니다. 재물이 나에게 안정감을 주고, 명예가 기쁨을 준다면, 그것들을 선한 것으로 간주합니다. 자신의 느낌을 정당화하기 위해 사람들은 온갖 이유를 붙입니다. 그리고 하나님의 말씀은 은근히 뒷전으로 밀어 버립니다. 하나님께서는 분명히 선악과를 먹으면 반드시 죽으리라고 말씀하셨습니다. 그러나 하와는 그 열매를 "먹음직도 하고, 보암직도 하며, 지혜롭게 할 만큼 탐스럽다"고 느꼈습니다. 내가 본 것과 느낀 것이 진리이신 하나님의 말씀을 무너뜨린 순간이었습니다. 그러므로 우리는 이제 다시 하나님께로 시선을 돌려야 합니다. 땅의 것에 집중하는 대신, 하늘의 것에 마음을 두어야 합니다. 그래야 비로소 참된 복이 무엇인지 깨달을 수 있습니다. 또한, 이 세대를 본받지 않고 살아가는 믿음의 길을 걸어갈 수 있습니다.

(2) 많은 사람이 따르려고 하기 때문

이 세대를 본받으려는 또 다른 이유는 우리가 세상에서 소수이기 때문입니다. 그리스도인은 좁은 문으로 들어가야 합니다. 성경은 그 길이 좁고 협착해서 찾는 사람이 적다고 말합니다. 반면 멸망의 길은 넓어 사람들이 많이 찾기 마련입니다.

> 13 좁은 문으로 들어가라 멸망으로 인도하는 문은 크고 그 길이 넓어 그리로 들어가는 자가 많고 14 생명으로 인도하는 문은 좁고 길이 협착하여 찾는 자가 적음이라 (마태복음 7:13~14)

인간을 얽어매는 수많은 감정 중 하나가 바로 두려움입니다. 인간은 유한한 존재로서 자원, 지혜, 능력 등 모든 면에서 한계를 가지고 있습니다. 이러한 한계는 종종 실패에 대한 두려움, 미래에 대한 불안으로 이어집니다. 그리고 이러한 두려움은 인간으로 하여금 자신보다 더 크고 강한 존재를 의지하게 만듭니다. 물론 이러한 한계 의식이 하나님을 찾는 참된 신앙으로 이어진다면 좋겠지만, 현실은 그렇지 않은 경우가 많습니다. 인간은 때로 자신의 필요로 인해 신을 찾기도 합니다. 하지만 대부분의 경우 그러한 신은 스스로 조작하고 통제할 수 있는 우상일 뿐입니다. 이처럼 두려움에서 출발한 종교심은 종종 샤머니즘적인 형태를 띠게 됩니다. 두려움에 눌린 사람들은 무당을 찾아 점을 보고 굿을 하며, 불안을 잠재우려 합니다.

이러한 미신적인 방법을 거부하는 사람들은 보다 과학적이고 이성적인 방식에 의지하려 합니다. 그 대표적인 방식 중 하나가 확률에 의한 판단입니다. 사람들은 다수가 선택한 길, 많은 사람이 함께 걷는 길에 더 높은 안정감을 느낍니다. 다수의 선택은 실패 확률이 낮다고 믿기 때문입니다. 함께하는 곳에서 안정감을 얻고, 혼자의 길은 두렵고 불안하게 여깁니다. 소수의 길은 외롭고 위험해 보입니다. 처음에는 과감하게 혼자의 길을 선택했던 사람도, 환경이 어려워지면 쉽게 흔들리고 후회를 느끼게 됩니다. 인간은 사회적 존재이기에 타인의 시선과 무리에 속하려는 욕구가 강합니다. 혼자 걷는 길보다는 군중과 함께 걷는 길에서 심리적 안정감을 추구합니다. 때문에 대부분의 사람은 모험을 즐기기보다, 안전해 보이는 다수의 길을 선택합니다.

그러나 그리스도인인 우리가 선택할 길은 다수의 길이 아닙니다. 우리가 진정으로 안정감을 느껴야 할 곳은 군중 속이 아닙니다. 다수가 선택한 길이나 사람들 틈에서 느끼는 심리적 위안은 일시적인 것에 불과합니다. 우리의 안전은 오직 진리 안에서만 보장됩니다. 영원히 흔들리지 않는 반석, 하나님 안에서만이 참된 안식과 평화를 누릴 수 있는 것입니다. 세상이 주는 불안은 크지만, 하나님이 주시는 평안은 그 모든 두려움을 이기게 하는 능력입니다.

> 평안을 너희에게 끼치노니 곧 나의 평안을 너희에게 주노라 내가 너희에게 주는 것은 세상이 주는 것과 같지 아니하니라 너희는 마음에 근심하지도 말고 두려워하지도 말라 (요한복음 14:27)

안타깝게도 인간은 진리이신 하나님을 쉽게 의지하지 않습니다. 보이지 않는 하나님보다 눈에 보이고 손에 잡히는 사람을 더 쉽게 의지하려는 경향이 있습니다. 사람은 곁에 있고, 쉽게 느껴지며, 때로는 즉각적인 반응과 위안을 주기 때문입니다. 그러나 하나님을 의지하지 않고 사람을 의지하는 자는, 결국 하나님의 심판을 면할 수 없습니다. 그것은 단지 믿음의 부족이 아니라, 하나님을 무시하고 그분의 주권을 인정하지 않는 태도이기 때문입니다. 헛된 것을 의지하는 자는 하나님이 주시는 참된 평안을 누릴 수 없습니다. 참된 안정과 안식은 오직 하나님께로부터 오며, 우리가 의지해야 할 유일한 분은 든든한 반석 되신 하나님이십니다. 사람은 변하지만 하나님은 변하지 않으시며, 그분만이 영원히 신실하십니다.

여호와께서 이와 같이 말씀하시니라 무릇 사람을 믿으며 육신으로
그의 힘을 삼고 마음이 여호와에게서 떠난 그 사람은 저주를 받을
것이라 (예레미야 17:5)

인간은 연약합니다. 때문에 본능적으로 많은 사람이 선택하는
것에 마음을 빼앗기기 쉽습니다. 그것이 곧 옳고 좋은 것이라고 착
각하기도 합니다. 심지어 다른 사람들의 판단과 행동이 분명 잘못
되었다는 사실을 알면서도, 다수가 잘못된 방향으로 나아가는 상
황에서는 자신의 소신을 지키기가 어렵습니다.

심리학에는 이와 관련된 "3의 법칙"이라는 개념이 있습니다. 세
사람 이상이 동일한 행동이나 의견을 표현하면, 이를 군중으로 인
식하게 되고, 그 의견을 거스르기 힘들어진다는 이론입니다. 예를
들어, 세 사람이 '1+1=3'이라고 주장하기 시작하면, 그것이 분명히
틀렸다는 것을 알면서도 반박하기 어려워지는 것입니다. 집단의
압력은 개인의 이성과 판단을 무디게 만듭니다.

이처럼 많은 사람이 따르는 문화나 흐름을 거부한다는 것은 분
명 쉽지 않습니다. 그러나 우리는 반드시 기억해야 합니다. 우리는
사람을 따르도록 부름받은 자들이 아닙니다. 우리는 그리스도를
따르는 자들입니다. 우리는 세상의 길이 아닌 하나님의 뜻을 따르
도록 부름받은 하나님의 백성입니다. 그것이 아무리 좁고 외로운

길이라 해도, 우리는 그 길로 부르심 받은 자임을 기억해야 합니다. 날마다 그 사실을 기억하고, 눈에 보이는 다수의 길이 아닌 좁은 길을 선택할 수 있는 믿음과 결단이 필요합니다.

조금 덧붙이자면, 그래서 믿음의 공동체는 매우 중요합니다. 좁은 길은 그 자체로도 외롭고 고된 길입니다. 혼자 그 길을 걸어가려 할 때, 믿음이 약해지면 회의와 후회가 몰려올 수 있습니다. 세상의 소리가 더 크게 들리고, 좁은 길을 계속 가야 할 이유조차 흐려질 수 있습니다. 바로 그때, 믿음의 공동체가 필요합니다. 같은 믿음과 같은 방향을 가진 동역자들이 함께 좁은 길을 걸어갈 때, 우리는 서로 의지하며 끝까지 그 길을 걸어갈 수 있습니다. 공동체 안에서 서로 격려하고 붙들어 줄 때, 세상의 유혹에 시선을 빼앗기지 않고, 믿음의 중심을 지킬 수 있습니다.

하나님의 말씀 위에 굳게 선 공동체가 중요한 이유입니다. 우리는 그 안에서 함께 이 세대를 본받지 않고, 하나님이 기뻐하시는 삶을 지속적으로 살아갈 수 있습니다. 신앙은 결코 혼자 지켜가는 것이 아닙니다. 믿음의 길을 완주하기 위해 우리는 함께 걸어가야만 합니다.

한 사람이면 패하겠거니와 두 사람이면 맞설 수 있나니 세 겹 줄은 쉽게 끊어지지 아니하느니라 (전도서 4:12)

(3) 겉모습만 보기 때문

우리가 세상을 본받으려 하는 또 다른 이유가 있습니다. 바로 세상의 화려함과 규모 때문입니다. 세상은 언제나 크고, 화려하고, 눈에 띄는 것을 추구합니다. 이 얼마나 매력적입니까? 이와 같은 외적인 화려함은 우리의 눈과 마음을 빼앗기에 충분한 힘을 가집니다.

성경은 세상의 화려함을 상징하는 대표적인 예로 바벨론을 종종 언급합니다. 바벨론을 어떻게 묘사합니까? 바로 "큰 성 바벨론"이라 부릅니다. 바벨론은 외적으로 분명 거대하고 화려한 곳이었습니다. 그러나 그 안에는 하나님을 대적하는 교만과 우상숭배가 가득했습니다.

> 그의 고통을 무서워하여 멀리 서서 이르되 화 있도다 화 있도다 큰 성, 견고한 성 바벨론이여 한 시간에 네 심판이 이르렀다 하리로다
> (요한계시록 18:10)

세상의 화려함은 얼핏 매력적으로 보입니다. 그러나 그것은 우리의 영혼을 무디게 하고, 하나님을 향한 갈망을 흐리게 만드는 위험한 유혹입니다. 그렇기에 우리는 보이는 것에 마음을 빼앗기지

않도록 깨어 있어야 합니다. 화려함이 아닌 진리, 규모가 아닌 본질을 추구하는 신앙의 분별력을 반드시 가져야 할 것입니다.

이스라엘 백성들이 가나안 백성들을 쫓아내지 못한 이유도 이와 비슷합니다. 하나님의 인도를 따라 우여곡절 끝에 도착한 가나안 앞에서 이스라엘은 어떠했습니까? 기쁨과 감사를 느끼기는 고사하고 낙심하면서 가나안 땅을 거부했습니다. 가나안 족속들의 외적인 모습에 집중했기 때문입니다. 12명의 정탐꾼이 가나안을 정탐하고 보고한 내용은 다음과 같습니다.

> 32 이스라엘 자손 앞에서 그 정탐한 땅을 악평하여 이르되 우리가 두루 다니며 정탐한 땅은 그 거주민을 삼키는 땅이요 거기서 본 모든 백성은 신장이 장대한 자들이며 33 거기서 네피림 후손인 아낙 자손의 거인들을 보았나니 우리는 스스로 보기에도 메뚜기 같으니 그들이 보기에도 그와 같았을 것이니라 (민수기 13:32~33)

가나안 백성들은 이스라엘이 쫓아내야 할 대상이었습니다. 하나님은 이미 그 땅을 주셨다고 말씀하셨습니다. 이는 아브라함 때부터 있었던 하나님의 약속이었습니다. 하지만 이스라엘 백성들의 눈에 그들은 너무 크고 강해 보였습니다. 이스라엘은 가나안 백성들을 강력하고 힘이 있는 사람들로 생각했습니다. 두려움에 함몰된 이스라엘은 결국 가나안을 자신들이 정복하지 못할 대상으로 인식해 버렸습니다. 인간적인 눈이 아닌 믿음의 눈으로 보았다면 어땠을까요? 가나안은 이스라엘이 충분히 이길 수 있는 상대였습니다. 여호수아와 갈렙이 무엇이라고 하는지 살펴보십시오.

> 다만 여호와를 거역하지는 말라 또 그 땅 백성을 두려워하지 말라 그들은 우리의 먹이라 그들의 보호자는 그들에게서 떠났고 여호와는 우리와 함께 하시느니라 그들을 두려워하지 말라 하나 (민수기 14:9)

여호수아와 갈렙이 본 것은 다른 광경이었습니까? 그렇지 않습니다. 그들도 다른 정탐꾼과 마찬가지로 거대한 아낙 자손의 모습을 보았습니다. 여기에서 차이점은 무엇입니까? 세상을 바라보면서도, 그들은 결코 하나님을 바라보는 시선을 잃지 않았습니다. 문제보다 크신 하나님을 의식하며, 그분의 약속에 믿음으로 반응했습니다. 반면, 나머지 이스라엘 백성들은 믿음의 시선을 잃어버렸습니다. 눈에 보이는 현실 앞에서 하나님의 말씀과 능력을 잊었고, 두려움과 절망에 사로잡혔습니다. 그 결과는 무엇입니까? 여호수아와 갈렙을 제외한 20세 이상의 모든 이스라엘 백성은 가나안 땅에 들어가지 못했습니다.

26 여호와께서 모세와 아론에게 말씀하여 이르시되 27 나를 원망하

는 이 악한 회중에게 내가 어느 때까지 참으랴 이스라엘 자손이 나를 향하여 원망하는 바 그 원망하는 말을 내가 들었노라 28 그들에게 이르기를 여호와의 말씀에 내 삶을 두고 맹세하노라 너희 말이 내 귀에 들린 대로 내가 너희에게 행하리니 29 너희 시체가 이 광야에 엎드러질 것이라 너희 중에서 이십 세 이상으로서 계수된 자 곧 나를 원망한 자 전부가 30 여분네의 아들 갈렙과 눈의 아들 여호수아 외에는 내가 맹세하여 너희에게 살게 하리라 한 땅에 결단코 들어가지 못하리라 31 너희가 사로잡히겠다고 말하던 너희의 유아들은 내가 인도하여 들이리니 그들은 너희가 싫어하던 땅을 보려니와 32 너희의 시체는 이 광야에 엎드러질 것이요 33 너희의 자녀들은 너희 반역한 죄를 지고 너희의 시체가 광야에서 소멸되기까지 사십 년을 광야에서 방황하는 자가 되리라 34 너희는 그 땅을 정탐한 날수인 사십 일의 하루를 일 년으로 쳐서 그 사십 년간 너희의 죄악을 담당할지니 너희는 그제서야 내가 싫어하면 어떻게 되는지를 알리라 하셨다 하라 35 나 여호와가 말하였거니와 모여 나를 거역하는 이 악한 온 회중에게 내가 반드시 이같이 행하리니 그들이 이 광야에서 소멸되어 거기서 죽으리라 (민수기 14:26~35)

이 얼마나 참담한 결과입니까? 가나안 정복 전쟁에서도 이스라엘은 가나안 족속을 완전히 쫓아내지 못했습니다. 그 이유도 마찬가지였습니다. 유다 지파의 경우 일부 가나안 족속은 쫓아냈지만, 일부는 쫓아내지 못했습니다. 성경은 하나님이 유다와 함께하셨다고 분명히 말합니다. 그럼에도 그들은 철 병거를 가진 골짜기의 주민들을 쫓아내지 못했습니다. 하나님이 함께 하시는 일에 어떻게 실패가 있을 수 있을까요? 성경은 그 원인을 가나안 족속이 가졌던 철 병거 때문이라고 기록합니다.

> 여호와께서 유다와 함께 계셨으므로 그가 산지 주민을 쫓아내었으나 골짜기의 주민들은 철 병거가 있으므로 그들을 쫓아내지 못하였으며 (사사기 1:19)

하나님이 함께하시는데, 정말 철 병거가 문제가 되었을까요? 아닙니다. 문제는 그들의 마음속에서 철 병거의 존재가 하나님보다 더 크게 느껴졌다는 데 있습니다. 철 병거가 실제로 강력했기 때문이 아닙니다. 문제는 그들의 시선입니다. 그들의 시선에 철병거가 하나님보다 더 커 보였기에 결국 패배한 것입니다.

세상도 이와 같습니다. 세상은 강하고 화려하게 보입니다. 크고 눈부신 겉모습으로 하나님의 백성들을 유혹하기도 하고, 위축시키기도 합니다. 이 세대는 화려한 문화와 강력한 영향력으로 우리를 압도하려 합니다.

골리앗이 어떻게 이스라엘을 두렵게 했습니까? 그의 거대한 키와 무시무시한 무기, 그리고 우렁찬 외침은 이스라엘의 용기와 믿음을 무너뜨렸습니다. 누구도 감히 그를 상대할 생각조차 하지 못했습니다. 왜입니까? 이스라엘은 골리앗만 보았지, 그들과 함께하시는 하나님을 바라보지 못했기 때문입니다.

> 이스라엘 모든 사람이 그 사람을 보고 심히 두려워하여 그 앞에서
> 도망하며 (사무엘상 17:24)

그러나 믿음의 용사 다윗은 골리앗의 외적인 위협에 집중하지 않았습니다. 그는 거대한 키나 무기, 소리의 위압감보다 하나님께 시선을 두었습니다. 다윗은 보이는 현실보다, 과거에 자기를 도우셨던 하나님의 은혜에 주목했습니다. 그는 느껴지고 보이는 위협이 아니라, 이미 자신이 경험한 하나님의 도우심과 신실하심을 의지하며 나아갔습니다. 사자와 곰의 공격에서도 자신을 지키셨던 하나님께서, 지금도 함께하실 것이라는 확신이 그의 담대함의 근거였습니다. 다윗은 상황을 믿음의 눈으로 해석했습니다. 자신의 능력을 의지한 것이 아니라, 하나님의 능력을 신뢰하고 그분의 이름으로 나아간 것입니다.

> 34 다윗이 사울에게 말하되 주의 종이 아버지의 양을 지킬 때에 사자나 곰이 와서 양 떼에서 새끼를 물어가면 35 내가 따라가서 그것을 치고 그 입에서 새끼를 건져내었고 그것이 일어나 나를 해하고자 하면 내가 그 수염을 잡고 그것을 쳐죽였나이다 36 주의 종이 사

자와 곰도 쳤은즉 살아 계시는 하나님의 군대를 모욕한 이 할례 받
지 않은 블레셋 사람이리이까 그가 그 짐승의 하나와 같이 되리이
다 (사무엘상 17:34~36)

그 결과는 무엇입니까? 우리가 모두 알고 있는 대로 골리앗은
다윗 앞에서 칼 한 번 제대로 휘두르지도 못하고 쓰러졌습니다. 그
는 실제로 두려워해야 할 존재가 아니었습니다. 다윗은 사람의 눈
에 보이는 외적인 위협에 집중하지 않았습니다. 오직 하나님의 능
력과 신실하심을 바라보았기에 어려운 싸움에서 승리할 수 있었습
니다.

사람들은 종종 눈에 보이는 것에 마음을 빼앗깁니다. 문제는 이
러한 현상이 하나님을 믿는 성도의 삶, 혹은 교회 안에서도 반복된
다는 것입니다. 크고 웅장한 교회당, 많은 성도 수, 화려하고 다양
한 프로그램은 사람들의 눈을 사로잡습니다. 이것들이 무조건 나
쁜 것은 아닙니다. 그러나 이와 같이 외적인 요소들은 본질을 잊게
하기 쉽습니다. 혹시 본질이 아닌 겉모습에 치중하여 만족하는 신
앙생활을 하고 있지는 않습니까? 크고 화려한 것, 외적으로 매력
적인 것들은 분명 사람의 마음을 끌어당깁니다. '우리는 잘하고 있
다. 우리는 대단하다.' 이런 식으로 외적인 것에 치중하여 자신을
속이고 있지는 않습니까? 우리는 겉모습이 아닌 중심을 철저히 점

검해야 합니다. 하나님은 겉모습이 아니라 중심을 보시는 분이시기 때문입니다. 우리의 모습이 아무리 외적으로 화려해도 하나님은 그런 겉모양에 속지 않으십니다. 하나님의 불꽃 같은 눈을 피할 수 있는 자는 없습니다. 그분의 평가는 사람의 평가와 다릅니다.

> 여호와께서 사무엘에게 이르시되 그의 용모와 키를 보지 말라 내가 이미 그를 버렸노라 내가 보는 것은 사람과 같지 아니하니 사람은 외모를 보거니와 나 여호와는 중심을 보느니라 하시더라 (사무엘상 16:7)

겉모습에 치중한 결과는 무엇입니까? 결국 이 세대에 마음을 빼앗기게 됩니다. 화려함에 속으면, 이 세상의 모든 것이 좋아 보이기 마련입니다. 그렇게 되면 우리는 점점 이 세대를 본받고, 그 흐름을 따를 수밖에 없습니다. 이렇게 겉모습을 좇아 살아가는 삶에는 믿음의 기준이 작동하지 않습니다.

사람들은 왜 이 세대에 마음을 빼앗깁니까? 좋아 보이기 때문입니다. 많은 사람이 따르기 때문입니다. 겉으로는 멋져 보이기 때문입니다. 그러나 그렇게 눈에 보이는 것에만 시선을 두다 보면, 믿음의 길을 걷던 하나님의 백성들조차 쉽게 발을 헛디디게 됩니다. 하나님의 백성은 보이는 것만을 믿지 않습니다. 하나님의 백성은 느껴지는 감정에 우선하여 움직이지 않습니다. 우리가 믿고 의지하는 것은 하나님의 진리의 말씀이며, 보이지 않지만 살아 계셔서 지금도 역사하시는 하나님이십니다.

믿음이란 보이는 현실에 흔들리지 않고, 보이지 않는 하나님의 약속을 신뢰하는 것입니다. 하나님의 임재를 지각하고, 말씀 위에 굳게 서서, 믿음으로 오늘을 살아가야 합니다. 지금 우리에게 필요한 것은 다른 무엇보다 믿음의 눈입니다. 보이지 않는 하나님을 바라보는 그 시선입니다.

> 믿음은 바라는 것들의 실상이요 보이지 않는 것들의 증거니 (히브리서 11:1)

4. 우리가 본받아야 할 예수 그리스도

하나님의 백성은 이 세대를 본받아서는 안 됩니다. 그리스도인은 이 세대의 방식이 아니라 하나님의 백성으로서의 방식을 추구하며 살아가야 합니다. 어떻게 하면 그렇게 살 수 있을까요? 로마서는 마음을 새롭게 하고 변화를 받아 하나님의 뜻을 분별해야 한다고 가르칩니다. 결국 우리가 집중해야 할 것은 하나님의 뜻입니다. 세상이 아니라 하나님입니다.

이 세대를 본받지 말아야 한다면 무엇을 따르고 본받아야 할까요? 우리가 추구하고 따라야 할 방향은 어디입니까? 우리는 하나님의 백성입니다. 그러므로 당연히 왕이신 하나님을 본받는 자가 되어야 합니다.

그러므로 사랑을 받는 자녀 같이 너희는 하나님을 본받는 자가 되고 (에베소서 5:1)

어떻게 해야 하나님을 본받을 수 있을까요? 하나님을 본받는다는 것은 너무나도 멀고 먼 이야기인 것 같습니다. 우리는 하나님을 볼 수도 없고, 만질 수도 없습니다. 그분을 제대로 상상조차 할 수 없는 나약한 인간이 어떻게 감히 하나님을 본받는다고 이야기할 수 있겠습니까? 그래서 하나님은 우리에게 놀라운 대안을 주셨습니다. 볼 수 있는 하나님, 쉽게 느껴지는 하나님으로 예수 그리스도를 우리에게 허락하신 것입니다. 이 얼마나 깊은 지혜이며, 넓은 은혜입니까? 예수 그리스도는 하나님의 형상입니다.

그 중에 이 세상의 신이 믿지 아니하는 자들의 마음을 혼미하게 하여 그리스도의 영광의 복음의 광채가 비치지 못하게 함이니 그리스도는 하나님의 형상이니라 (고린도후서 4:4)

예수님을 본 자는 하나님을 본 자입니다. 예수 그리스도는 보이지 않는 하나님을 우리에게 나타내신 분이며, 하나님을 보여주는 유일한 통로이시기 때문입니다. 그분 안에 하나님의 본체가 온전히 거하시기에 그분의 삶과 말씀, 사랑과 희생을 통해 우리는 하나님의 성품과 뜻을 알 수 있습니다.

예수께서 이르시되 빌립아 내가 이렇게 오래 너희와 함께 있으되 네가 나를 알지 못하느냐 나를 본 자는 아버지를 보았거늘 어찌하여 아버지를 보이라 하느냐 (요한복음 14:9)

하나님을 닮고자 소원하는 사람이라면 그리스도를 본받는 자가 되어야 합니다. 그분은 인간의 육신을 입으시고 이 땅에서, 하나님이 어떤 분이신지를 삶으로 몸소 보여주셨기 때문입니다. 바울은 자신이 그랬던 것처럼 성도들 또한 그리스도를 본받는 사람이 되기를 요구합니다.

내가 그리스도를 본받는 자가 된 것 같이 너희는 나를 본받는 자가 되라 (고린도전서 11:1)

이제 인내와 위로의 하나님이 너희로 그리스도 예수를 본받아 서로

뜻이 같게 하여 주사 (로마서 15:5)

우리는 이 세대가 아닌 그리스도를 본받는 자들이 되어야 합니다. 화려하고 멋지게 다가오는 이 세대에 언제까지 현혹되고 속아서 사시겠습니까? 하나님의 백성은 오직 그리스도에게 집중하며 그분을 아는 일에 힘써야 합니다. 가장 귀한 가치인 예수 그리스도를 참으로 알 때, 우리는 세상의 모든 것이 무가치하다는 것을 깨닫게 될 것입니다. 이러한 진리를 깨닫는다면 우리는 이 땅에서 치러야 할 삶의 전투에서 넉넉히 승리하게 될 것입니다.

> 7 그러나 무엇이든지 내게 유익하던 것을 내가 그리스도를 위하여 다 해로 여길뿐더러 8 또한 모든 것을 해로 여김은 내 주 그리스도 예수를 아는 지식이 가장 고상하기 때문이라 내가 그를 위하여 모든 것을 잃어버리고 배설물로 여김은 그리스도를 얻고 (빌립보서 3:7~8)

구원받았다고 해서 곧바로 천국에 이르는 것은 아닙니다. 우리는 여전히 이 땅에서 하루하루를 살아가야 합니다. 우리가 머무르는 세상은 결코 우리를 가만히 두지 않습니다. 세상은 우리에게 끊임없이 손짓합니다. 화려함으로 우리의 눈을 사로잡고, 때로는 두려움과 걱정으로 마음을 흔들며, 자신을 따르고 본받으라고 유혹합니다. 그러나 우리는 우리의 정체성을 잊지 말아야 합니다. 우리는 하나님의 백성입니다. 하나님의 백성은 이 세대를 본받지 않습니다. 우리가 본받고 따라야 할 분은 세상이 아니라 오직 예수 그리스도 한 분뿐이십니다. 우리의 눈이 향해야 할 푯대는 세상의 성공이 아닌 그리스도의 십자가와 부활입니다.

예수 그리스도 한 분만이 우리의 푯대가 되기를 간절히 소망합니다. 우리의 가슴 속에 언제나 그리스도의 영광이 충만하기를 바랍니다. 여러분이 어떤 상황 속에서도 예수 그리스도께서 걸어가셨던 그 길, 곧 완전한 순종의 길, 거룩의 길을 끝까지 걸어갈 수 있기를 바랍니다.

제9장 변화를 받으라

●

너희는 이 세대를 본받지 말고 오직 마음을 새롭게 함으로 변화를 받아 하나님의 선하시고 기뻐하시고 온전하신 뜻이 무엇인지 분별하도록 하라 (로마서 12장 2절)

로마서 12장 2절은 3가지 명령으로 구성되어 있습니다. 첫째는, "이 세대를 본받지 말라" 둘째는 "변화를 받으라" 세 번째는 "분별하라"입니다. 이번 장에서는 "변화를 받으라"는 명령에 초점을 맞춰 구원받은 그리스도인이 어떻게 살아가야 하는지를 살펴보겠습니다.

구원받은 하나님의 백성들은 오직 그분의 뜻을 따라 살아야 합니다. 이를 위해 우리는 세상을 따라 살려는 유혹에서 승리해야 하며, 이 세대를 본받지 않아야 한다고 앞서 배웠습니다. 그렇다면 어떻게 해야 이 세대를 본받지 않을 수 있을까요? 성경은 이에 대해 구체적인 방법을 제시합니다. 성경은 구원받은 성도들에게 이 세대를 본받는 대신 우리의 모습을 변화시키라고 말합니다.

본 장에서 다루는 본문에 "오직"이라는 단어는 "그러나, 오히려" 등으로 번역할 수 있습니다. 이는 단순한 강조가 아니라, 방향 전환의 의미를 담고 있습니다. 즉, "너희는 이 세대를 본받는 일에 초점을 두지 말고 오히려 마음을 새롭게 하여 변화를 받으라"라는 명령입니다. 우리는 이 세대를 향한 잘못된 관심에서 시선을 돌려야 합니다. 그리고 마음을 새롭게 하여 변화 받는 일에 집중해야 합니다. 이는 적극성을 요구하는 명령입니다. 세상이 우리를 변화시키게 놔둘 것이 아니라 오히려 하나님의 은혜로 자신을 변화시키는 일에 집중하라는 것입니다. 그렇다면 구체적으로 우리가 무엇을, 어떻게 변화 받을 것인지 살펴보도록 합시다.

1. 변화를 받으라

본문에서 사용된 '변화'라는 단어의 뜻은 근본적이고 완전한 변화를 의미합니다. 예수님이 변화산에서 변화되셨을 때 사용된 단어가 바로 이 단어와 같습니다.

> 1 엿새 후에 예수께서 베드로와 야고보와 그 형제 요한을 데리시고 따로 높은 산에 올라가셨더니 2 그들 앞에서 변형되사 그 얼굴이 해 같이 빛나며 옷이 빛과 같이 희어졌더라 (마태복음 17:1~2)

그러므로 본문에서 말하는 변화는 부분적인 것을 조정하는 정도의 단순한 변화가 아닙니다. 이것은 근원적이고 총체적인 변화입니다. 변화산에서 변화되신 예수님은 여전히 예수님이셨지만, 제자들이 이전에 알던 모습과는 전혀 다른 영광스러운 형상으로 나타나셨습니다. 겉모습은 완전히 달랐지만, 그분의 존재 자체는 연속성을 지닌 동일한 예수님이셨습니다. 우리의 변화 또한 이와 같아야 합니다. 신자는 세상이 원하는 기준에 따라 사는 것이 아니라, 하나님이 기뻐하시는 기준에 따라 살아가는 존재입니다. 그러므로 우리는 전인격적으로 변화되어야 합니다. 본질은 같으나 삶의 방향과 가치 기준, 생각과 행동 양식이 철저히 새로워지는 변화, 이것이 본문이 요구하는 참된 변화입니다.

이에 대해 어떤 사람들은 의문을 느낄 수도 있습니다. 그것은 우리가 이미 예수 그리스도의 피로 구원받아 죄인에서 의인으로 변화된 사람들이기 때문입니다. 바울은 이미 변화된 그리스도인들에게 왜 또다시 '변화를 받으라'고 명령했을까요?

본문을 읽는 1차 독자는 로마에 있는 '신자들', 즉 이미 복음을 받아들여 구원의 은혜를 경험한 사람들입니다. 따라서 바울의 이 명령은 예수님을 믿지 않는 불신자들이 아니라, 이미 구원받은 신자들을 향한 것입니다. 즉, 변화의 명령을 받은 사람들이 그리스도인으로서 이미 복음을 받아들이고 놀라운 변화를 경험한 사람들이라는 뜻입니다. 그들이 경험한 변화는 근원적이고 전인적인 변화였습니다. 바울은 이러한 변화를 두고, 새로운 피조물이 되었다고 묘사했습니다.

> 그런즉 누구든지 그리스도 안에 있으면 새로운 피조물이라 이전 것은 지나갔으니 보라 새 것이 되었도다 (고린도후서 5:17)

우리 삶에서 가장 중요하고 근본적 변화는 무엇입니까? 바로 하나님의 부르심으로 말미암아 그리스도인이 된 것입니다. 그런데 사도는 이미 변화를 경험한 하나님의 백성들에게 다시 변화를 요구하고 있습니다. 그가 말하는 변화는 우리가 구원받음으로써 얻는 신분의 변화가 아닙니다. 이미 우리는 그러한 변화를 경험한 사람들이기 때문입니다.

바울이 말하는 변화의 대상은 신자입니다. 이렇게 볼 때, 우리는 몇 가지 중요한 사실을 알 수 있습니다. 우선 불신자에서 신자가 된 사람들도 여전히 변화될 부분이 있다는 사실입니다. 예수님을 믿는 것으로, 구원받은 것으로 모든 것이 끝나는 것이 아닙니다. 우리는 계속해서 하나님의 형상을 닮아가기 위해 노력해야 합니다. 또한, 신자들이 여전히 변화되어야 한다는 사실은 구원이 자동으로 신자의 성화를 만들어주는 것은 아니라는 사실도 말해 줍니다. 그러므로 우리는 구원 이후의 삶에 대해 진지하게 고민해야 합니다. 하나님의 부르심에 합당한 그리스도인으로 살도록 더 고민하고, 애쓰고 힘써야 합니다.

> 내가 이미 얻었다 함도 아니요 온전히 이루었다 함도 아니라 오직 내가 그리스도 예수께 잡힌 바 된 그것을 잡으려고 달려가노라 (빌립보서 3:12)

바울은 구원받았다고 해서 그의 여정을 멈추지 않았습니다. 그는 끊임없이 하나님 기뻐하시는 삶을 위해서 달려갔습니다. 물론 이 노력은 과거 율법을 지키며 자신을 의롭게 만들려 애썼던 율법주의적 노력과는 전혀 다릅니다. 이는 완전히 다른 차원의 헌신입니다. 기쁨의 헌신이자 자발적인 헌신이며 하나님의 영광을 위한 가장 가치 있는 헌신입니다. 바울은 이런 삶을 위해 자신을 끊임없이 내려놓으며 믿음의 길을 걸어갔습니다. 바울의 이와 같은 노력은 우리의 삶에도 매 순간 계속되어야 합니다.

> 형제들아 내가 그리스도 예수 우리 주 안에서 가진 바 너희에 대한 나의 자랑을 두고 단언하노니 나는 날마다 죽노라 (고린도전서 15:31)

(1) 구원은 신분의 변화로 시작된다

구원받는다는 것에는 죄인에서 의인으로, 하나님의 원수에서 자녀로 신분이 변화된다는 의미가 포함되어 있습니다. 이 변화는 존재의 변화이며 근본적인 변화입니다. 그리고 이 구원은 순간적인 변화이며 단회적인 변화입니다. 하지만 구원 이후에도 이뤄야 할 삶의 변화, 생각의 변화는 순간적이거나 단회적인 것이 아닙니다. 이것은 우리의 삶에서 꾸준하게 지속되어야 합니다. 구원으로 인한 신분의 변화가 인생 전체의 변화, 삶의 변화를 자동으로 보장하지는 않습니다. 우리는 골로새서를 통해 이러한 사실을 확인할 수 있습니다. 골로새서는 구원받은 성도들이 하늘의 것을 찾고 생각해야 한다고 말합니다. 성도들은 이제 옛사람의 행동을 그치고 새로운 피조물에 합당한 삶을 살아갈 것을 요구받습니다.

1 그러므로 너희가 그리스도와 함께 다시 살리심을 받았으면 위의 것을 찾으라 거기는 그리스도께서 하나님 우편에 앉아 계시느니라 2 위의 것을 생각하고 땅의 것을 생각하지 말라 3 이는 너희가 죽었고 너희 생명이 그리스도와 함께 하나님 안에 감추어졌음이라 4 우리 생명이신 그리스도께서 나타나실 그 때에 너희도 그와 함께 영광 중에 나타나리라 5 그러므로 땅에 있는 지체를 죽이라 곧 음란과 부정과 사욕과 악한 정욕과 탐심이니 탐심은 우상 숭배니라 6 이것들로 말미암아 하나님의 진노가 임하느니라 7 너희도 전에 그 가운데 살 때에는 그 가운데서 행하였으나 8 이제는 너희가 이 모든 것을 벗어 버리라 곧 분함과 노여움과 악의와 비방과 너희 입의 부끄러운 말이라 9 너희가 서로 거짓말을 하지 말라 옛 사람과 그 행위를 벗어 버리고 10 새 사람을 입었으니 이는 자기를 창조하신 이의 형상을 따라 지식에까지 새롭게 하심을 입은 자니라 (골로새서 3:1~10)

사람들은 흔히 착각합니다. 구원을 받고 그리스도인이 되면 자동으로 착해지고 늘 하나님만 생각하게 된다고 말입니다. 이제는 자연스럽게 하나님의 자녀답게 살아가게 되는 것으로 쉽게 생각합니다. 하지만 그렇지 않습니다. 오늘날도 얼마나 많은 그리스도인들이 그리스도인으로서 합당한 삶을 살지 못하고 있습니까? 우리는 쉽게 넘어지고, 자주 실패하는 연약한 사람들입니다. 구원받아 하나님의 자녀가 되었지만, 우리의 마음 속에는 여전히 세상을 본받고 싶은 악한 죄성이 꿈틀거리고 있습니다. 가만히 있으면 우리의 시선은 자연스럽게 세상으로 향하게 됩니다. 이것이 구원받은 그리스도인의 실존입니다. 하나님의 자녀로 신분은 변화되었지만, 남아 있는 죄성이 끊임없이 우리를 옛 자아의 모습으로 끌고 가려고 애쓰기 때문입니다. 이런 면에서 본다면 구원은 완성이 아니라 과정이라는 말을 쉽게 이해할 수 있습니다. 이것은 우리의 삶과 직결된 실제적인 문제입니다. 바울은 두렵고 떨림으로 너희 구원을 이루라고 말했습니다. 구원은 완성이 아니라 하나님 앞에 서기 전까지 묵묵히 이뤄가는 것임을 잊어서는 안 됩니다.

> 그러므로 나의 사랑하는 자들아 너희가 나 있을 때뿐 아니라 더욱 지금 나 없을 때에도 항상 복종하여 두렵고 떨림으로 너희 구원을 이루라 (빌립보서 2:12)

출애굽한 이스라엘 백성을 생각해 보십시오. 얼마나 자주 하나님을 대적하고 그분을 떠나 방종한 삶을 살았습니까? 하나님의 백성이라는 이스라엘이 저지른 일들을 보십시오. 그들은 늘 하나님을 원망하고 불평하며 대적하였습니다. 그렇다고 그들이 신자가 아닙니까? 그렇지 않습니다. 낙심하고 무너지고 하나님을 거역하지만, 그들은 하나님께 선택받은 하나님의 백성이었습니다. 하나님이 선택하셨기에 그들의 신분은 변하지 않았습니다. 위대한 믿음의 사람들도 별반 다르지 않았습니다. 다윗을 보십시오. 그는 하나님의 마음에 합한 사람이라고 하나님의 인정을 받은 사람이었습니다. 그러나 다윗은 한순간에 무너져 살인과 거짓, 그리고 위선으로 똘똘 뭉친 악한 죄인이 되었습니다. 인간은 이렇게 부족하고 연약합니다. 그러나 낙심할 필요는 없습니다. 우리에게는 우리의 연약함을 도우시는 예수님이 계시기 때문입니다. 이제 내가 죄인임을 날마다 깨닫고, 매 순간 은혜의 십자가 앞으로 나가야 합니다. 날 위해 십자가의 은혜를 베풀어 주신 하나님의 사랑을 기억하고 끊임없이 그분의 은혜를 의지해야 합니다. 그렇지 않으면 우리에게는 아무런 소망이 없습니다.

그러므로 구원받은 성도의 삶은 어떠해야 합니까? 끊임없이 변화되어야 합니다. 하나님의 부르심에 합당하게 살아가기 위해, 마음을 새롭게 하여 변화되기를 힘써야 합니다. 변화되지 않은 채 이 세대를 따라가면, 결국은 넘어질 수밖에 없습니다. 세상의 흐름은 우리를 끊임없이 유혹하고, 하나님의 뜻과는 반대 방향으로 우리를 이끌기 때문입니다.

구원받은 자녀이기에 우리는 더욱더 하나님의 은혜를 소망해야 합니다. 우리는 스스로 의롭지 않으며, 우리 안에는 선한 것이 없다는 사실을 인정해야 합니다. 그러므로 우리를 새롭게 하시는 성령의 능력을 의지해야만 합니다. 그분의 능력에 기대야만 우리는 이 변화의 여정을 감당할 수 있습니다. 안심해서는 안 됩니다. 변화하기를 힘쓰지 않으면 넘어지기 쉽습니다. 그러므로 우리는 멈추지 않고 앞으로 나아가야만 합니다.

(2) 꾸준하고 지속적인 변화

구원받은 그리스도인의 변화는 꾸준하고 지속적이어야 합니다. 구원받은 성도라 해도 우리는 여전히 연약한 존재입니다. 자꾸만 세상에 시선을 빼앗기고, 이 세대를 본받고 싶은 욕망에 사로잡힐 수 있습니다. 그러므로 우리는 하나님의 뜻에 따라 날마다 변화해야 합니다. 진지하게 자신의 신앙생활을 돌아보십시오.

나의 변화는 한 번으로 충분할까요?

변화란 젊은 시절, 유혹이 많을 때만 필요한 것일까요?

초신자일 때에만 변화에 힘쓰면 끝일까요?

결코 그렇지 않습니다. 세상은 끊임없이 우리를 향해 손짓하며, 자신의 방식과 방향을 따르라고 속삭이고 있습니다. 이 세대를 본받지 않으려는 우리의 영적 싸움은, 변화를 지속적으로 추구하려는 노력과 깊이 연결되어 있습니다. 만일 우리가 변화하는 데 힘쓰지 않는다면, 우리의 시선은 다시 세상으로 향하게 될 것입니다. 변화는 선택이 아니라 생존의 문제이며, 영적 건강에 있어 필수적인 것입니다. 그러므로 우리는 끊임없이 변화되기를 소망하며, 변화를 위해 힘써야 합니다.

그렇다면 또 하나의 질문이 남습니다.

변화는 언제부터 시작해야 할까요?

내일부터? 다음 기회에?

아닙니다. 변화는 '지금' 시작되어야 합니다. 본문에서 "변화를 받으라"는 명령은 현재형입니다. 이는 한때 변화 받았으니, 이제는 괜찮다는 말이 아닙니다. 이것은 계속해서, 지금 이 순간에도 변화되어야 한다는 명령입니다. 그리스도인의 변화는 미룰 수 있는 것이 아닙니다. 지금 변화되지 않으면, 지금 당장 세상을 본받게 될 위험에 놓이게 됩니다. 그러므로 오늘, 지금, 이 순간부터 우리는 하나님의 뜻에 따라 변화되기를 힘써야 합니다. 변화는 우리의 미래가 아니라, 현재의 명령입니다.

2. 마음을 새롭게 하라

그렇다면 우리는 어떻게 변화될 수 있을까요? 어떻게 해야 하나님이 원하시는 변화에 제대로 초점을 맞출 수 있을까요? 성경은 우리에게 중요한 한 가지 길을 알려줍니다. 그것은 바로 마음을 새롭게 하는 것입니다.

(1) 변화의 시작은 마음

나의 삶의 모든 행동은 마음에서 비롯됩니다. 무언가를 먹고 싶은 마음이 들면, 우리는 음식을 만들거나 찾아 나섭니다. 외로운 마음이 들 때는 어떻습니까? 자연스럽게 사람을 찾게 됩니다. 누군가와의 관계를 회복해야겠다는 마음이 생기면, 연락을 하고 만남을 시도하게 됩니다.

마음이 움직이지 않으면 행동도 따르지 않습니다. 즉, 마음에 변화가 없으면 삶에도 변화는 없는 것입니다. 그러므로 성경이 말하는 변화, 곧 하나님의 뜻에 합당한 삶의 변화는 반드시 '마음'에서부터 시작되어야 합니다.

인간의 행동을 분별하기 위해서는 사람의 근원인 마음에 대해 고민해볼 필요가 있습니다. 누가복음 6장 45절은 우리에게 이 부분을 잘 설명해 줍니다. 사람은 마음에 있는 것을 쏟아냅니다.

선한 사람은 마음에 쌓은 선에서 선을 내고 악한 자는 그 쌓은 악에서 악을 내나니 이는 마음에 가득한 것을 입으로 말함이니라 (누가복음 6:45)

마태복음 15장도 비슷하게 이런 내용을 다룹니다.

> 18 입에서 나오는 것들은 마음에서 나오나니 이것이야말로 사람을 더럽게 하느니라 19 마음에서 나오는 것은 악한 생각과 살인과 간음과 음란과 도둑질과 거짓 증언과 비방이니 20 이런 것들이 사람을 더럽게 하는 것이요 씻지 않은 손으로 먹는 것은 사람을 더럽게 하지 못하느니라 (마태복음 15:18~20)

말 실수를 했을 때, 흔히 사람들은 말을 줄여야겠다고 생각합니다. 말하지 않으면 문제가 생기지 않으리라 생각하기 때문입니다. 하지만 이런 행동의 결단은 제대로 된 효과를 거두지 못할 때가 많습니다. 문제의 핵심은 말이 아니라 마음에 있기 때문입니다. 내면에 악한 생각이 가득한데 겉모습만 바꾼다고 제대로 된 변화가 일어날 수 있을까요? 그럴 수 없습니다. 먼저 내면을 바꿔야 행동도 자연스럽게 따라오게 됩니다. 행동을 통제하고 겉모습을 바꿔서 얻는 효과는 일시적일 뿐입니다. 사랑을 생각해 봅시다. 하나님은 사랑을 원하십니다. 원수까지 사랑하는 것이 하나님의 뜻입니다. 하지만 사랑이 어려운 이유는 사랑하는 마음이 생기지 않기 때문입니다. 사랑은 사랑하는 마음에서 자연스럽게 흘러나오는 결과물입니다. 겉으로 좋은 말을 하고 도움을 주려고 행동한다고 사랑이 생기지 않습니다. 사랑의 마음이 생겨야 사랑할 수 있는 것입니다. 이렇듯 마음의 변화 없이는 근본적인 변화를 기대할 수 없습니다. 마음을 새롭게 할 때 참된 변화가 시작됩니다. 이처럼, 우리에게 있어 마음은 매우 중요합니다. 그러므로 성경은 마음을 잘 지키고 새롭게 하라고 권면합니다.

> 오직 너는 스스로 삼가며 네 마음을 힘써 지키라 그리하여 네가 눈으로 본 그 일을 잊어버리지 말라 네가 생존하는 날 동안에 그 일들이 네 마음에서 떠나지 않도록 조심하라 너는 그 일들을 네 아들들과 네 손자들에게 알게 하라 (신명기 4:9)

> 모든 지킬 만한 것 중에 더욱 네 마음을 지키라 생명의 근원이 이에서 남이니라 (잠언 4:23)

> 하나님이여 내 속에 정한 마음을 창조하시고 내 안에 정직한 영을 새롭게 하소서 (시편 51:10)

그렇습니다. '마음을 새롭게 함'으로 우리는 진정한 변화를 경험할 수 있습니다. 삶의 방향이 바뀌고, 행동이 달라지고, 언어생활이 새로워지는 것은 모두 마음에서 시작됩니다. 변화의 본질은 외적인 환경에 달려 있지 않습니다. 오히려 내적인 태도와 사고의 전환에 달려 있습니다. 따라서 성경은 단순히 더 나은 행동을 하라고 명령하지 않고, 먼저 마음을 새롭게 하라고 요청하는 것입니다. 핵심은 마음에 있습니다. 마음이 새로워질 때 비로소 삶이 새로워질 수 있습니다. 하나님의 뜻을 따르는 변화된 삶은, 언제나 '마음의 변화'에서 시작됩니다.

(2) 마음을 새롭게 하는 방법 - 성령님

그렇다면 진지하게 고민해 보아야 합니다. 이처럼 중요한 마음을 우리는 어떻게 새롭게 할 수 있을까요? 행동을 바꾸는 것도 쉽지 않지만, 마음을 바꾸는 것은 그보다 훨씬 더 어렵습니다. 마음은 변화의 근원이기 때문입니다.

굳게 결심만 하면 마음이 바뀔까요? 긍정적인 생각을 많이 하면 좋은 마음이 생길까요? 아름다운 풍경을 보거나 클래식 음악을 들으면 마음이 정결해질까요? 물론 좋은 생각, 안정된 환경, 건강한 육체는 우리 마음에 일정한 영향을 주는 요소들임에 틀림없습니다. 그러나 그것들이 근본적인 마음의 변화, 곧 성경이 말하는 '새롭게 함'을 끌어내기에는 한계가 있습니다. 잠시 위로를 줄 수는 있어도, 마음의 본질을 바꾸는 데에는 역부족입니다. 마음의 근본적인 변화는 인간 스스로의 노력만으로는 이룰 수 없는 차원의 것입니다.

인간은 율법을 통해 하나님이 원하시는 자리에 이르려고 했습니다. 그러나 율법은 오히려 인간의 죄악성과 무능함을 드러냈을 뿐입니다. 이스라엘의 역사가 그 대표적인 예입니다. 인간은 끊임없이 죄를 범하며 하나님을 대적했고, 율법의 참된 정신은 잊은 채겉모습과 형식에만 집착했습니다. 이것이 바로 초등교사로서의 율법의 한계, 곧 인간 행위의 한계입니다.

> 이같이 율법이 우리를 그리스도께로 인도하는 초등교사가 되어 우리로 하여금 믿음으로 말미암아 의롭다 함을 얻게 하려 함이라 (갈라디아서 3:24)

그러므로 하나님은 성령을 통해서 우리의 내면을 변화시키기로 작정하셨습니다. 보혜사 성령은 우리 안에 거하시며, 하나님의 자녀답게 살아가도록 도우시는 분입니다. 어떻게 마음을 새롭게 할 수 있습니까? 어떻게 타락하고 어두운 인간의 마음에 근원적 변화를 일으킬 수 있습니까? 핵심은 성령님께 있습니다. 우리의 마음이 변화되려면 성령께서 우리 안에서 역사하셔야 합니다. 에스겔서에 이 부분이 잘 설명되어 있습니다.

> 또 새 영을 너희 속에 두고 새 마음을 너희에게 주되 너희 육신에서 굳은 마음을 제거하고 부드러운 마음을 줄 것이며 (에스겔 36:26)

내가 그들에게 한 마음을 주고 그 속에 새 영을 주며 그 몸에서 돌 같은 마음을 제거하고 살처럼 부드러운 마음을 주어 (에스겔 11:19)

하나님이 우리에게 주시는 새 영은 타락하고 굳어진 인간의 마음을 새롭게 하는 영입니다. 이 영은 곧 성령님을 가리킵니다. 성령께서 일하실 때, 우리의 강퍅한 마음은 부드러워지고, 하나님의 뜻을 따를 수 있는 마음으로 변화됩니다.

우리의 마음은 성령을 통해서 새롭게 됩니다. 이는 마음을 새롭게 하고 변화를 받는 것이 우리의 능력 밖의 일이라는 뜻이기도 합니다. 로마서 12장 2절의 명령도 이를 보여줍니다. "변화를 받아"라는 표현은 헬라어 현재 시제의 수동태 명령형입니다. 즉, 변화는 우리가 능동적으로 만들어 내는 것이 아니라, 하나님께서 우리 안에서 이루시는 일이라는 뜻입니다. 물론 우리는 변화하기 위해 애쓰고 힘써야 합니다. 그러나 궁극적으로 우리의 변화는 성령의 역사로만 가능합니다. 시편 기자의 간구를 살펴보십시오. 그는 하나님께 자신에게 새로운 마음을 창조하시기를 구했습니다.

하나님이여 내 속에 정한 마음을 창조하시고 내 안에 정직한 영을 새롭게 하소서 (시편 51:10)

우리의 바람 또한 이러해야 하지 않을까요? 우리는 날마다 성령의 일하심을 의지하며, 그분의 도우심 안에서 마음이 새롭게 되기를 소망해야 합니다. 진정한 변화는 성령께서 우리 안에서 새 일을 시작하실 때에만 가능하기 때문입니다. 이처럼 선한 바람과 간구를 하나님께서는 분명히 들으십니다. 기억하십시오. 변화는 하나님의 전적인 역사입니다.

(3) 마음을 새롭게 하는 방법 - 말씀

마음을 새롭게 하는 또 하나의 중요한 방법은 하나님의 말씀입니다. 진리의 말씀은 그리스도인의 마음을 새롭게 변화시킵니다. 누가복음 24장에는 엠마오로 가던 두 제자의 이야기가 나옵니다. 그들은 예수님의 죽음 앞에 절망하고, 희망을 잃은 채 고향으로 돌아가고 있었습니다. 그때 부활하신 예수님께서 그들과 동행하시며, 성경에 기록된 메시야에 관한 말씀을 풀어주셨습니다. 그 말씀을 들은 후, 제자들은 이렇게 고백합니다.

> 그들이 서로 말하되 길에서 우리에게 말씀하시고 우리에게 성경을 풀어 주실 때에 우리 속에서 마음이 뜨겁지 아니하더냐 하고 (누가복음 24:32)

그렇습니다. 말씀이 해석되고 이해되었을 때, 그들의 마음은 뜨거워졌습니다. 여기서 "마음이 뜨거워졌다"는 표현은 헬라어 원어상 '마음이 불타오르다'는 뜻으로, 강력한 내적 각성과 변화를 의미합니다. 절망과 낙심으로 식어 있던 마음에 새로운 깨달음과 소망이 생긴 순간이었습니다.

하나님의 말씀은 잃어버린 방향을 회복하게 만들고, 굳어진 마음에 생기를 불어넣습니다. 마음이 새로워진 제자들은 어떻게 되었을까요? 그들은 더 이상 엠마오에 머물지 않았습니다. 그들은 즉시 예루살렘으로 돌아가, 부활의 소식을 전하며 새로운 사명의 길로 나아갑니다.

> 33 곧 그 때로 일어나 예루살렘에 돌아가 보니 열한 제자 및 그들과 함께 한 자들이 모여 있어 34 말하기를 주께서 과연 살아나시고 시몬에게 보이셨다 하는지라 35 두 사람도 길에서 된 일과 예수께서 떡을 떼심으로 자기들에게 알려지신 것을 말하더라 (누가복음 24:33~35)

말씀으로 도전받은 제자들은 예루살렘을 떠났던 발걸음을 돌려 다시 예루살렘으로 돌아갑니다. 방향이 완전히 바뀐 것입니다. 그들의 절망은 새로운 희망이 되었습니다. 그들은 두려움과 낙심으로 떠나려 했던 그곳, 예루살렘으로 돌아가게 되었습니다. 무엇이 그들을 변하게 했습니까? 말씀이었습니다. 예수님이 해석해주신 말씀을 통해 깨달음을 얻은 제자들은 변화되었습니다. 하나님의 말씀에는 이토록 강력한 힘이 있습니다. 말씀은 연약한 사람들에게 새 힘을 주며 삶의 방향을 바꾸게 만듭니다. 에베소서에서도 비슷한 이야기가 나옵니다.

> 21 진리가 예수 안에 있는 것 같이 너희가 참으로 그에게서 듣고 또한 그 안에서 가르침을 받았을진대 22 너희는 유혹의 욕심을 따라 썩어져 가는 구습을 따르는 옛 사람을 벗어 버리고 23 오직 너희의 심령이 새롭게 되어 24 하나님을 따라 의와 진리의 거룩함으로 지으심을 받은 새 사람을 입으라 (에베소서 4:21~24)

진리의 가르침을 얻었을 때 어떠한 일이 일어납니까? 성경은 심령이 새롭게 되고, 구습을 따르는 옛사람은 벗어 버리고 새사람이 될 수 있다고 말합니다. 하나님의 백성은 말씀을 통해 변화를 경험하게 됩니다. 진리의 말씀은 하나님의 은혜가 임하는 통로이며, 동시에 우리 마음을 깊이 비추고 내면을 예리하게 분별하고 판단하는 거울과도 같습니다. 하나님의 말씀 앞에서는 어떤 것도 숨길 수 없습니다. 그 살아 움직이는 능력의 말씀으로 우리는 새롭게 변화됩니다.

하나님의 말씀은 살아 있고 활력이 있어 좌우에 날선 어떤 검보다도 예리하여 혼과 영과 및 관절과 골수를 찔러 쪼개기까지 하며 또 마음의 생각과 뜻을 판단하나니 (히브리서 4:12)

(4) 새롭게 돼야 할 마음의 모델

성경은 우리의 마음이 새롭게 되어야 한다고 말합니다. 다소 추상적일 수 있는 명령이지만, 우리가 다다라야할 마음의 모습에는 분명한 모델이 있습니다. 바로 예수님의 마음입니다. 우리가 이 세대를 본받지 않고 그리스도를 본받아야 하듯이, 우리의 마음도 그리스도의 마음을 본받아 새로워져야 할 것입니다. 예수님의 마음은 어떤 마음일까요? 빌립보서는 겸손한 마음, 곧 죽기까지 순종하시고 복종하시는 예수님을 우리의 모델로 제시합니다.

5 너희 안에 이 마음을 품으라 곧 그리스도 예수의 마음이니 6 그는 근본 하나님의 본체시나 하나님과 동등됨을 취할 것으로 여기지 아니하시고 7 오히려 자기를 비워 종의 형체를 가지사 사람들과 같이 되셨고 8 사람의 모양으로 나타나사 자기를 낮추시고 죽기까지 복종하셨으니 곧 십자가에 죽으심이라 (빌립보서 2:5~8)

예수님은 자신을 드러내려 하지 않으셨고, 자신의 영광을 위해 살지 않으셨습니다. 그분은 철저히 하나님의 뜻을 따르고, 하나님께 영광을 돌리기 위해 자신을 비우고 낮추셨습니다. 예수님은 세상의 소리보다 하나님의 음성에 귀를 기울이셨고, 자기 뜻보다 아버지의 뜻에 전적으로 순종하셨습니다.

> 이르시되 아버지여 만일 아버지의 뜻이거든 이 잔을 내게서 옮기시옵소서 그러나 내 원대로 마시옵고 아버지의 원대로 되기를 원하나이다 하시니 (누가복음 22:42)

십자가의 길은 험하고 고통스러운 길이었습니다. 하지만 예수님은 끝까지 순종하여 구원의 길을 이루어 내셨습니다. 우리에게 필요한 마음, 곧 우리가 변화되어야 할 마음은 이러한 예수님의 마음입니다. 우리 안에는 여전히 하나님처럼 되려는 교만한 마음과 자기의 영광을 추구하는 욕망이 도사리고 있습니다. 이제는 이러한 악한 마음을 내려놓아야 합니다. 그리고 하나님의 영광을 위해 자신을 드렸던 예수 그리스도의 마음, 겸손과 순종의 마음을 회복해야 합니다.

잘 할 수 있을까 걱정되십니까? 두려우십니까? 그럴 필요 없습니다. 우리에게는 이미 대안이 있습니다. 이 일을 위해서 온전히 성령을 의지하십시오. 이 세대가 우리에게 속삭이는 헛된 소리를 거부하고, 성령의 충만함으로 그리스도의 마음이 우리 안에 충만하기를 소망하십시오. 무엇보다 성령님은 말씀을 깨닫게 하는 분이십니다. 그분이 조명하실 때, 우리는 진리의 말씀을 능히 깨달을 수 있습니다. 그 뜻에 따라 우리의 마음이 날마다 새로워지기를 기도하십시오.

> 우리가 세상의 영을 받지 아니하고 오직 하나님으로부터 온 영을 받았으니 이는 우리로 하여금 하나님께서 우리에게 은혜로 주신 것들을 알게 하려 하심이라 (고린도전서 2:12)

우리의 마음이 이렇게 새로워질 때 어떠한 일이 일어날까요? 우리는 하나님이 기뻐하시는 모습으로 변화될 것입니다. 더 이상 세상을 본받으려 하지 않을 것이며, 이 세대를 매력적으로 느끼지도 않을 것입니다. 오직 성령과 말씀을 통해서 그리스도의 마음을 우리 안에 충만하게 채우게 될 것입니다.

3. 변화가 필요함

사도 바울은 구원받은 성도들에게 마음을 새롭게 함으로 변화 받기를 촉구했습니다. 구원받은 성도에게 변화는 선택이 아니라 필수입니다. 변화를 받아 마음을 새롭게 하지 않으면 어떻게 될까요? 우리는 자연스럽게 세상을 본받게 될 것입니다. 그리고 세상을 따라가는 삶은, 결국 하나님을 떠나는 삶으로 이어지게 됩니다. 이스라엘 백성들이 하나님을 잊고 우상을 만들었던 일을 기억하십시오. 우리의 삶에서 그러한 일이 일어나지 말란 법은 없습니다. 변화를 받아 새롭게 되는 것은 그리스도인으로서의 정체성을 지키기 위한 매우 중요한 사명입니다.

날마다 우리의 마음이 새롭게 되기를 간절히 소망합니다. 예배 가운데 말씀이 깨달아지고, 기도 가운데 성령의 은혜를 얻으므로 날마다 마음이 새로워지기를 소망합니다.

당신은 지금 무엇을 보고 있습니까? 당신의 마음은 어디에 머물러 있습니까? 이 세대입니까? 하나님입니까? 당신은 하나님의 자녀라는 신분에 걸맞은 거룩한 삶을 살고 있습니까? 하나님의 자녀답게 살고 싶은 열망은 사라지고 이제 헛된 세상의 가치관이 마음을 가득 채우고 있지는 않습니까? 혹시라도 그렇다면 당장 돌이키십시오. 우리에게는 이제 변화가 필요합니다. 마음을 새롭게 하는 변화가 필요합니다. 겉모습의 변화가 아니라 근본적인 변화가 필요합니다. 여러분의 마음은 하나님과 가까이 있습니까? 그분과 마음은 멀어진 채, 그저 종교적 열심만으로 자기의 신앙을 증명하려하지는 않았습니까? 마치 바리새인과 서기관들처럼 말입니다. 외식하는 자들처럼 마음의 변화가 아니라 겉모습으로 자신을 치장하기 바쁘지는 않았습니까? 자신의 현재를 돌아보십시오. 십자가의 사랑이 지금 당신을 감동하게 합니까? 하나님의 영광이 여전히 당신의 가슴을 뛰게 하고 있습니까? 이 모든 것은 과거의 일이요, 현재 추상적인 구호로 전락한 것은 아닙니까? 십자가의 사랑으로 충분했고, 하나님의 말씀 하나만으로 만족했던 그때의 순수함이 필요합니다. 어린아이와 같은 낮은 신앙 수준을 넘어 성숙하고 하나님의 기쁨이 되는 그리스도의 군사로 성장해야 합니다. 마음이 새로워지는 변화를 소망하십시오. 성령의 조명 아래 우리 안의 거짓과 위선이 드러나기를, 진리의 말씀 앞에서 우리의 숨은 죄가 드러나기를 기도하십시오. 성령으로, 말씀으로 변화되기를 소망하십시오. 우리에게는 이 세대를 이길 변화가 필요합니다.

제10장 하나님의 뜻을 분별하라

●

너희는 이 세대를 본받지 말고 오직 마음을 새롭게 함으로 변화를 받아 하나님의 선하시고 기뻐하시고 온전하신 뜻이 무엇인지 분별하도록 하라 (로마서 12장 2절)

1. 하나님의 뜻을 분별하기 위해서

로마서 12장 2절은 3가지 명령으로 구성되어 있다고 말씀드렸습니다. 첫째는, "이 세대를 본받지 말라" 둘째는 "변화를 받으라" 세 번째는 "분별하라"입니다. 이 명령들은 서로 긴밀하게 연결되어 있습니다. 첫 번째와 두 번째 명령은 대등한 관계입니다. 그래서 "이 세대를 본받지 말고 '오히려(도리어)' 변화를 받으라"라고 번역할 수 있습니다. 세 번째 명령은 첫째와 둘째 명령의 목적 혹은 결과의 관계로 연결됩니다. 헬라어 원어에서 사용된 전치사 "에이스"를 목적으로 해석하면 이 세대를 본받지 말고 변화되어야 하는 이유가 바로 하나님의 뜻을 분별하기 위함으로 연결됩니다. 다시 말해, 하나님의 뜻을 제대로 깨닫기 위해서는 이 세대를 본받지 말아야 하고 마음을 새롭게 해서 변화를 받아야 한다고 번역할 수도 있습니다. NASB 성경이 전치사 "에이스"를 목적으로 이해했습니다.

> And do not be conformed to this world, but be transformed by the renewing of your mind, so that you may prove what the will of God is, that which is good and acceptable and perfect. [NASB]

"에이스"를 결과로 해석하면 어떨까요? 이 세대를 본받지 않고 변화를 받으면 그 결과 하나님의 뜻을 분별하게 된다고도 해석할 수 있습니다. 현대인의성경과 공동번역성경은 다음과 같이 본문을 번역했습니다.

> 여러분은 이 세상을 본받지 말고 마음을 새롭게 하여 변화를 받으십시오. 그러면 하나님의 선하시고 기뻐하시고 완전하신 뜻이 무엇인지를 알게 될 것입니다. [현대인의성경]

여러분은 이 세상을 본받지 말고 마음을 새롭게 하여 새 사람이 되십시오. 이리하여 무엇이 하느님의 뜻인지, 무엇이 선하고 무엇이 그분 마음에 들며 무엇이 완전한 것인지를 분간하도록 하십시오. [공동번역]

분별하는 것을 '목적'으로 해석할지 '결과'로 해석할지는 해석의 여지가 있습니다. 중요한 것은 세상을 본받지 않고 변화를 받는 것이 하나님의 뜻을 분별하는 것과 밀접하게 연관되어 있다는 사실입니다. 구원받은 그리스도인에게 필요한 것은 하나님의 뜻이 무엇인지 분별하려 애쓰는 노력입니다. 그리고 이렇게 하나님의 뜻을 분별하고 아는 것은 하나님 백성의 의무일 뿐만 아니라 특권이기도 합니다.

대답하여 이르시되 천국의 비밀을 아는 것이 너희에게는 허락되었으나 그들에게는 아니되었나니 (마태복음 13:11)

이처럼, 천국의 비밀은 하나님의 백성들에게만 허락되었습니다. 그러므로 하나님의 백성만이 하나님의 뜻을 깨달아 알 수 있습니다. 이 얼마나 감사한 특권입니까? 세상은 하나님의 뜻을 알 수 없고 이해할 수 없습니다. 오직 성령을 받은 하나님의 백성이 그분의 뜻을 깨달을 수 있고 분별할 수 있습니다.

오직 하나님이 성령으로 이것을 우리에게 보이셨으니 성령은 모든
것 곧 하나님의 깊은 것까지도 통달하시느니라 (고린도전서 2:10)

지금 우리는 두 갈래 길 앞에 서 있습니다. 이 세대의 유혹에 빠
져 세상의 방식대로 살아갈 것인가, 아니면 날마다 마음을 새롭게
하여 변화를 받고 하나님의 뜻을 분별하면서 살아갈 것인가 하는
갈림길입니다. 그리스도인이라면 후자의 길을 따라 살아가야 할
것입니다. 신자는 하나님의 뜻을 분별하며 그 뜻을 깨달아야 합니
다. 이 특권을 누리기 위해서 날마다 마음을 새롭게 해서 변화해야
합니다. 성령께서 우리의 눈을 열어 하나님의 뜻을 밝히 드러내기
를 소망해야 합니다.

내 눈을 열어서 주의 율법에서 놀라운 것을 보게 하소서 (시편
119:18)

2. 하나님의 뜻을 분별해야 하는 이유

앞서 로마서 12장 2절을 자세히 살펴보았습니다. 그 결과, 구원
받은 그리스도인이 하나님의 백성으로 살기 위해서는 하나님의 뜻

을 분별하는 것이 중요하다는 결론을 얻을 수 있습니다. 이처럼, 하나님의 뜻을 분별하는 것이 중요한 이유는 무엇일까요?

(1) 하나님 백성의 정체성

우리가 하나님의 뜻을 분별하고 깨달아야 하는 이유는 하나님의 백성으로서 그 정체성을 유지하는 데 있습니다. 하나님의 뜻과 그리스도인으로서의 정체성은 깊게 연결되어 있습니다. 요한복음 17장에서 영생은 하나님과 그리스도를 아는 것이라고 말합니다.

> 영생은 곧 유일하신 참 하나님과 그가 보내신 자 예수 그리스도를 아는 것이니이다 (요한복음 17:3)

하나님의 뜻을 알고 그분이 누구인지 아는 지식은 구원받은 그리스도인에게 기본적이고 필수적입니다. 하나님과 그리스도를 아는 지식이 있을 때, 우리는 영생을 누릴 수 있습니다. 이러한 지식을 가진 자가 바로 구원받은 하나님의 백성입니다.

말씀으로 성도들을 권면하고 있는 사도 바울은 어떤 삶을 살았습니까? 그는 말씀대로 행하는 삶을 살기 위해 부단히도 애쓰며 복음의 길을 달려간 사람이었습니다. 로마서의 초두에서 바울은 로마의 성도들을 만나기 위해 로마에 가고자 힘썼다고 말합니다. 그가 그토록 힘썼던 동기는 어디에 있습니까? 그것은 단순한 인간적 바람이 아니었습니다. 바울의 마음은 하나님의 뜻 안에서 품은 마음이었습니다.

> 어떻게 하든지 이제 하나님의 뜻 안에서 너희에게로 나아갈 좋은 길 얻기를 구하노라 (로마서 1:10)

그는 예수 그리스도를 만난 이후, 매 순간 하나님의 뜻을 깨닫기 위해 노력했습니다. 그리고 그 뜻을 따라 살기 위해 힘썼습니다. 그러므로 지금 바울의 권면은 단순한 신학적 지식에서 나온 것이 아닙니다. 그것은 삶의 깊은 경험에서 나온 진실한 권면이었습니다. 사도 바울은 로마의 성도들에게 이 세대를 본받지 말고 하나님의 뜻을 깨달아 변화를 받으라고 권면했습니다. 그는 단순히 말로 권면하기 이전에 삶으로 그것을 경험한 사람이었습니다. 하나님의 뜻대로 사는 삶이 얼마나 행복하고 의미 있는 삶인지 체험으로 알고 있었던 것입니다. 바울은 자신이 깨달은 진리를 이제 믿음의 후배들에게 전하고 있습니다. 이제 우리도 사도 바울이 걸어간 그 길에 동참해야 합니다. 그 길은 비록 좁고 험하나, 복음을 위해 살아가는 영광스러운 길입니다.

이 일에 모범을 보인 것은 바울뿐만이 아닙니다. 우리에게는 가장 완벽한 모범이신 예수 그리스도가 있습니다. 예수님께서는 하나님의 뜻을 행하는 것이 자신의 중요한 사명임을 말씀하셨습니다. 그분은 하나님의 뜻을 이루기 위해서 자신의 생명까지 아끼지 않으셨습니다.

예수께서 이르시되 나의 양식은 나를 보내신 이의 뜻을 행하며 그의 일을 온전히 이루는 이것이니라 (요한복음 4:34)

그러므로 그리스도의 길을 따라가는 하나님의 백성은 하나님의 뜻을 분별하는 삶에 집중해야 합니다.

이를 위해 우리는 끊임없이 기도하고, 말씀을 묵상해야 합니다. 성령님의 도우심과 말씀의 깨달음 없이는 이 길을 완주할 수 없기 때문입니다. 우리 삶의 목적되시는 그리스도께서 걸어가신 그 길을 따라 우리도 묵묵히 하나님의 뜻을 분별하는 일에 힘써야 합니다.

(2) 하나님의 뜻대로 살기 위해서

하나님의 뜻을 알아야 하는 또 다른 이유는 하나님이 원하시는 뜻대로 살기 위함입니다. '안다'는 것은 단순히 지식으로 그치는 것이 아닙니다. 참된 앎은 하나님의 뜻을 깨닫고 분별하는 삶과 행동으로 이어져야 합니다. 행함이 없는 믿음은 죽은 믿음입니다. 그러므로 삶이 따르지 않는 믿음은 결코 존재하지 않습니다.

> 이와 같이 행함이 없는 믿음은 그 자체가 죽은 것이라 (야고보서 2:17)

하나님의 백성들이 하나님의 자녀답게 살기 위해서는 먼저 하나님의 뜻이 무엇인지 알아야 합니다. 이는 매우 상식적인 일입니다. 예수님은 하나님의 뜻대로 사는 자가 예수님의 형제와 자매라고 말씀하셨습니다.

> 누구든지 하나님의 뜻대로 행하는 자가 내 형제요 자매요 어머니이니라 (마가복음 3:35)

하나님의 자녀는 하나님의 뜻대로 행하는 자입니다. 하나님의 뜻도 모르는데, 어떻게 그분이 원하시는 삶을 살 수 있겠습니까? 하나님의 뜻을 깨닫고 그 뜻을 따라 사는 자라야 하나님의 자녀이며 예수 그리스도의 형제가 될 수 있습니다.

또한, 성경은 하나님의 뜻대로 행하는 사람이 천국에 들어갈 수 있다고 분명하게 말합니다. 천국에 들어가는 자 다시 말해, 구원받은 하나님의 백성은 곧 하나님의 뜻을 행하는 사람입니다.

> 나더러 주여 주여 하는 자마다 다 천국에 들어갈 것이 아니요 다만 하늘에 계신 내 아버지의 뜻대로 행하는 자라야 들어가리라 (마태복음 7:21)

하나님의 백성은 하나님을 위해, 그분의 뜻대로 사는 존재입니다. 그러므로 하나님의 백성답게 살기 위해 그분의 뜻을 바르게 이해하는 것은 매우 중요합니다. 하나님의 뜻도 모르면서 하나님을 믿는다고 말하는 것은 어불성설입니다. 하나님의 관심이 어디에 있는지, 무엇을 기뻐하시는지 이해하지 못하면서 그분의 길을 따라간다고 말하는 것은 심각한 모순입니다. 하나님의 백성이라고 주장하면서 하나님의 뜻이 아니라 악을 따라 사는 사람을 어떻게 하나님의 백성으로 인정할 수 있겠습니까?

하나님의 뜻을 깨닫고 분별한 자는 그 뜻을 따라 살기를 소원하게 됩니다. 깨달은 뜻을 따라 살고 싶은 열망에 사로잡히게 됩니다. 진리를 아는 사람이 어찌 가만히 있을 수 있겠습니까? 이 소망을 가진 사람이 바로 그리스도인입니다.

> 나의 하나님이여 내가 주의 뜻 행하기를 즐기오니 주의 법이 나의 심중에 있나이다 하였나이다 (시편 40:8)

이런 소망이나 열정이 없다면 하나님의 뜻을 제대로 깨닫지 못했다는 방증입니다. 눈물의 선지자 예레미야를 떠올려 보십시오. 하나님을 뜻을 깨달은 선지자는 침묵할 수 없었습니다. 그는 타락한 이스라엘을 향해 멸망을 선포해야 했습니다. 이는 조롱과 비난, 온갖 어려움이 따르는 일이었습니다. 그 역시 침묵하고 싶었을 것입니다. 하지만 그는 입술을 열어 하나님의 말씀을 선포했습니다. 심령에 불붙은 열정을 억누를 길이 없었기 때문입니다.

> 7 여호와여 주께서 나를 권유하시므로 내가 그 권유를 받았사오며 주께서 나보다 강하사 이기셨으므로 내가 조롱 거리가 되니 사람마다 종일토록 나를 조롱하나이다 8 내가 말할 때마다 외치며 파멸과 멸망을 선포하므로 여호와의 말씀으로 말미암아 내가 종일토록 치욕과 모욕 거리가 됨이니이다 9 내가 다시는 여호와를 선포하지 아니하며 그의 이름으로 말하지 아니하리라 하면 나의 마음이 불붙는 것 같아서 골수에 사무치니 답답하여 견딜 수 없나이다 (예레미야 20:7~9)

하나님의 뜻과 마음을 깨달은 자는 결코 침묵할 수 없습니다. 그는 제자리에 머물러 있을 수 없습니다. 진리를 향한, 하나님을 향한 뜨거운 마음이 그를 움직이게 만들 것이기 때문입니다. 진리를 깨달은 사람은 돌이킬 수 없습니다. 하나님의 뜻을 따라 사는 삶 외에 다른 무엇도 선택할 수 없습니다.

3. 하나님의 뜻을 어떻게 알 수 있는가?

그렇다면 우리는 어떻게 하나님의 뜻을 알 수 있을까요? 그분의 선하시고 기뻐하시고 온전한 뜻이 무엇인지 분별하는 방법은 무엇일까요?

로마서 12장 2절을 통해 그 답을 찾을 수 있습니다. 앞서 살펴봤듯이 첫째는 이 세대를 본받지 않는 것입니다. 두 번째는 마음을 새롭게 하는 것입니다. 이처럼, '이 세대를 본받지 않는 것'과 '마음을 새롭게 하는 것'은 하나님의 뜻을 분별하는 것과 밀접하게 연결되어 있습니다. 당연한 이야기입니다. 우리는 먼저 이 세대가 추구하는 가치관을 거부해야 합니다. 그러면 우리의 시선과 관심이 자연스럽게 하나님께로 향하게 될 것입니다. 반대로 이 세대를 따라 살고 세상의 가치관에 귀를 기울인다면 어떻게 될까요? 당연히 하나님의 뜻으로부터 멀어질 것입니다. 귀와 눈이 세상을 향해 있는데 어떻게 하나님의 뜻을 발견할 수 있겠습니까? 마음이 세상과 통해 있는데 어떻게 하나님의 뜻을 이해하고 받아들일 수 있겠습니까? 우리는 하나의 마음으로 두 주인을 섬길 수 없습니다.

그렇다면 스스로 한번 반문해 볼 필요가 있습니다. '나는 왜 하나님의 뜻을 알지 못할까?' 하나님의 뜻을 구하지만, 왜 여전히 분별하지 못할까?' 물론 여러 가지 이유가 있을 수 있습니다. 하지만, 이에 대해 로마서는 우리의 마음이 이 세대를 본받으려 하기 때문이라고 진단합니다. 우리의 생각이 세상을 향해 맞춰져 있기에 하나님의 뜻을 알 수 없게 된다는 것입니다. 그러므로 우리는 지금 당장 점검해야 합니다. 지금 우리의 시선이 향하고 있는 곳은 어디입니까? 혹시 세상을 본받으려고 하고 세상의 이야기와 가치관에 기웃거리면서 이 세대에 마음이 빼앗긴 것은 아닙니까? 그렇다면 우리는 더 이상 하나님의 뜻을 분별할 수 없습니다. 말로는 하나님의 뜻을 알고 싶다고 이야기할지도 모릅니다. 그러나 마음이 하나님에게서 떠난 사람은 그분의 뜻을 분별할 수 없습니다. 그러므로 우리 마음을 돌이켜 하나님께로 향해야 합니다. 우리의 관심을 세상이 아닌 그리스도께로 돌려야 합니다. 우리의 시선과 관심의 방향이 바뀔 때, 우리는 하나님의 뜻을 온전히 분별할 수 있습니다.

더불어 우리의 마음이 정결하게 되기를 힘써야 합니다. 우리의 마음이 이 세대를 향한 마음, 인간의 욕망으로 가득 찼다면 어떻게 하나님의 뜻을 분별할 수 있겠습니까?

"마음이 청결한 자는 복이 있나니 그들이 하나님을 볼 것임이요" (마태복음 5:8)

내 안에 거짓과 욕심과 하나님을 대적하는 마음이 가득한데 어찌 '하나님을 위해서 살라'라고 하는 뜻이 와닿겠습니까? '내가 좀 잘 됐으면 좋겠다'는 욕심으로 마음이 가득 차 있는데, 어떻게 이웃을 사랑하라는 하나님의 뜻을 인정하고, 그 뜻에 순종할 수 있겠습니까? 불가능합니다.

우리 안에 잘못된 것이 가득할 때, 우리는 하나님의 뜻을 온전히 받아들일 수 없습니다. 그러면 어떻게 될까요? 인간은 자신의 엉뚱한 욕망을 하나님의 뜻으로 바꿔버리고 맙니다. 그나마 양심이 있는 그리스도인이라면 하나님의 뜻을 정면으로 거부하지는 못합니다. 하지만 이 또한 악할 뿐입니다. 그는 대놓고 부인하지 못하기에 교묘하게 하나님의 뜻을 왜곡하기 시작합니다. 성경의 표면적인 내용만 붙잡고 그것이 마치 하나님의 뜻인 양 자신의 욕망을 말씀에 투영하는 것입니다. 귀에 듣기 좋은 말씀, 곧 내 욕망에 부합하는 말씀에만 집중합니다. 말씀의 균형을 깨뜨리고, 오직 인간적 욕망을 성취하는 구절들을 가져옵니다. 축복이 선포되었던 그리심 산은 주목하지만, 저주가 선포되었던 에발 산에는 관심을 가지지 않는 것과 같습니다. 내가 원하는 것을 하나님의 뜻으로 포장하여 구하고, 그것만을 기대하며 응답을 기다리는 것이 어쩌면 우리의 모습일지도 모릅니다.

그러므로 하나님의 뜻을 분별하며 그 뜻에 순종하여 살기 위해서는 기도가 필요합니다. 기도는 단순히 나의 욕망과 소원을 하나님께 아뢰는 것이 전부가 아닙니다. 우리는 그러한 유아적 단계를 넘어서야 합니다. 기도는 하나님과 교제하며 그분의 뜻을 알아가는 것입니다. 겟세마네 동산에서 기도하셨던 예수님을 기억하십시오. 그분은 자기 뜻을 하나님께 말씀드렸습니다. 하지만 거기에만 머무르지 않으셨습니다. 자기 뜻을 고집하지도 않으셨습니다. 예수님은 거듭 아버지 하나님의 뜻에 집중하셨습니다.

> 조금 나아가사 얼굴을 땅에 대시고 엎드려 기도하여 이르시되 내 아버지여 만일 할 만하시거든 이 잔을 내게서 지나가게 하옵소서 그러나 나의 원대로 마시옵고 아버지의 원대로 하옵소서 하시고 (마태복음 26:39)

이것이 기도의 핵심입니다. 나의 뜻을 하나님의 뜻에 맞추는 것이 바로 제대로 된 기도입니다. 기도는 하나님의 뜻을 듣는 것이자 나의 욕망을 하나님 앞에서 내려놓은 것입니다. 우리는 이런 기도를 통해서 하나님의 뜻을 따라 살 수 있게 됩니다.

4. 노력이 필요함

이제 우리의 관심은 하나님의 뜻을 분별하는데 집중되어야 합니다. 그런데 하나님의 뜻을 분별하는 것은 거저 이루어지지 않습니다. 여기에는 노력이 필요합니다. 이 세대를 본받는 데는 큰 힘이 들지 않지만, 하나님의 뜻을 알기 위해서는 분별이라는 어려운 과정을 거쳐야 하기 때문입니다. "분별하다"라는 단어에는 '시험하고 조사한다'는 의미가 있습니다. 분별은 우리의 노력과 힘이 필요한 작업입니다. 가만히 있다고 조사가 되는 것이 아닙니다. 아무것도 하지 않고 하나님의 뜻을 분별할 수는 없습니다. 고민이 필요하고 연구가 필요합니다. 애쓰고 힘쓰는 노력이 없이는 하나님의 뜻을 분별하고 깨달을 수 없다는 사실을 기억해야 합니다. 반면, 세상을 본받는 일은 매우 쉽고 자연스럽습니다. 우리는 특별히 노력하지 않아도 세상의 흐름에 따라가게 되어있습니다. 아무 생각 없이 가만히 있으면, 그리고 마음을 새롭게 하여 변화되지 않으면 우리의 마음은 자연히 악한 세상을 향하게 됩니다. 그것이 우리의 죄된 본성이기 때문입니다. 죄의 경향성은 하나님의 뜻을 기뻐하지 않습니다. 그것은 우리로 하여금 세상의 생각을 자연스럽게 받아들이게 합니다. 이것이 우리 인간의 연약한 현주소입니다.

다시 말하자면, 우리가 그분의 뜻을 분별하는 일에는 수고와 노력이 필요합니다. 본성을 거스르고 죄와 싸우는 수고가 필요합니다. 이는 열심히 노를 젓지 않으면 배가 물의 흐름을 따라 떠내려가는 것과 같습니다. 부단하게 노력하지 않으면 우리는 결국 세상의 흐름 속에 떠내려갈 수밖에 없습니다. 그러므로 노력하고 애써서 마음을 새롭게 하십시오. 날마다 하나님의 뜻을 따라 살겠다는 의지를 다시금 세워야 합니다.

하지만 이 일이 말처럼 쉽지는 않습니다. 하나님의 뜻을 분별하는 선한 일은 우리의 악한 본성을 거스르는 것이기 때문입니다. 그렇기에 인간적인 노력으로는 하나님의 뜻을 분별할 수 없습니다. 우리의 본성에 기반한 의지로는 하나님의 뜻을 분별할 수 없습니다. 하나님의 생각은 우리의 생각과 다릅니다. 인간 본성으로부터 나온 생각은 하나님의 생각에 미칠 수 없습니다.

이는 내 생각이 너희의 생각과 다르며 내 길은 너희의 길과 다름이니라 여호와의 말씀이니라 (이사야 55:8)

그러므로 더욱 마음을 새롭게 하는 것이 필요합니다. 변화를 받는 것이 필요합니다. 하나님을 의지하고 성령의 능력을 의지하는 것이 필요합니다. 나의 힘이 아닌 성령의 능력을 구하면서 하나님의 뜻을 추구해야 합니다. 그렇지 않으면 우리는 하나님의 뜻을 분별할 수 없습니다. 아니 하나님의 뜻을 분별하려는 마음조차 들지 않을 수 있습니다.

부단히 노력하십시오. 하나님의 뜻을 분별하기 위해서 매 순간 애쓰십시오. 마음을 굳게 먹고 달려가야 합니다. 하지만 동시에 기억하십시오. 우리의 힘으로는 할 수 없습니다. 오직 성령의 능력으로, 기도의 능력으로, 하나님을 의지함으로 가능합니다. 하늘로부터 오는 도우심으로 하나님의 뜻을 분별하고, 그 뜻을 따라 살아가길 소망합니다. 하나님께서 주시는 지혜와 통찰이 없다면 우리는 하나님의 뜻을 파악할 수 없습니다. 쉽게 자기 뜻과 세상의 생각을 하나님의 것이라고 오해할 수 있습니다. 그러므로 날마다 하나님의 말씀에 귀를 기울이고, 기도 가운데 마음을 낮추며, 성령의 인도하심을 구해야 합니다. 세상은 우리로 하여금 바쁘게 만들고, 분주하게 하여 하나님께로 향해야 할 집중력을 빼앗아 갑니다. 이런 세상 속에서 우리는 분별의 삶을 포기하지 않아야 합니다.

영적인 분별력은 하루아침에 생기지 않습니다. 하나님 앞에 머무는 시간을 통해, 말씀과 기도를 통해 조금씩 자라납니다. 하나님의 뜻을 알고자 하는 간절한 열망과 헌신이 우리 안에 있어야 합니다. 성령께서 우리 마음에 조명을 비추시고, 말씀을 통하여 길을 밝히 보여주실 때 우리는 이 세대가 아닌 하나님의 뜻을 따르는 삶을 살 수 있습니다. 부디 우리의 눈과 귀가 하나님을 향해 열리기를 원합니다. 모든 삶의 자리에서 주의 뜻을 분별하고 순종하며 살아가는 신실한 그리스도인이 되기를 바랍니다.

제11장 하나님의 선하시고 기뻐하시고 온전하신 뜻

너희는 이 세대를 본받지 말고 오직 마음을 새롭게 함으로 변화를 받아 하나님의 선하시고 기뻐하시고 온전하신 뜻이 무엇인지 분별하도록 하라 (로마서 12장 2절)

1. 하나님의 뜻을 구하라

우리는 앞서 하나님의 뜻을 분별하는 일의 중요성을 알았습니다. 여기서 우리가 분별해야 할 '하나님의 뜻'이란 정확히 무엇을 의미할까요? 이를 알기 위해서는 많은 고민과 묵상이 필요합니다. 하나님의 뜻을 안 이후는 어떻게 될까요? 거기서 끝일까요? 우리는 깨달은 하나님의 뜻을 삶으로 실천해야 합니다. 여기에는 끊임없는 노력이 필요합니다. 하지만 많은 그리스도인이 하나님의 뜻을 정확히 알지 못한 채, 자신에게 좋아 보이는 것을 하나님의 뜻이라고 쉽게 착각하곤 합니다. 이는 많은 성도가 범하는 흔한 실수입니다. 하나님의 뜻을 자신의 생각이나 바람과 동일시하는 것입니다. 그러나 우리는 하나님의 뜻을 우리의 생각과 같다고 단정해서는 안 됩니다. 하나님의 뜻은 우리의 생각과는 전혀 다를 수 있습니다.

> 8 이는 내 생각이 너희의 생각과 다르며 내 길은 너희의 길과 다름이니라 여호와의 말씀이니라 9 이는 하늘이 땅보다 높음 같이 내 길은 너희의 길보다 높으며 내 생각은 너희의 생각보다 높음이니라
> (이사야 55:8)

우리가 막연하게 하는 생각들은 이 세대의 생각과 같을 확률이 높습니다. 인간적인 생각으로는 하나님의 뜻을 이해할 수 없습니다. 그러므로 우리는 철저하게 성경적인 관점을 가지고 하나님의 뜻을 분별할 수 있어야 합니다.

내가 좋아하는 것, 내가 원하는 것이 하나님의 뜻이라는 생각을 내려놓으십시오. 나의 욕망을 이루고 세상적 행복을 추구하는 것은 하나님의 뜻이 아닙니다. 우리는 내가 하는 일이 잘되고 문제

가 해결되면 좋겠다고 생각합니다. 그리고 이를 위해서 기도하면서 나름대로 최선을 다해 살아갑니다. 어쩌면 이것이 많은 그리스도인의 모습일지도 모릅니다. 하지만 이런 생각은 하나님의 생각과 다릅니다. 타락한 인간은 본질적으로 자기중심적이기 때문입니다. 인간에게는 자신의 행복과 만족을 삶의 최우선에 두려는 경향이 있습니다. 하지만 하나님은 피조물인 우리에게 하나님의 영광을 위해 살아갈 것을 요구하십니다. 하나님은 헛된 가치를 좇는 마음을 버리고, 그분의 뜻과 영광을 향해 살아가라고 촉구하십니다. 우리가 무엇을 하든지 간에, 우리의 삶의 최종 목적은 하나님의 영광이어야 합니다. 다시 말해, 우리의 관심과 중심이 나 자신이 되어서는 안된다는 뜻입니다. 우리의 목적은 오직 하나님의 영광에 있어야 합니다.

그런즉 너희가 먹든지 마시든지 무엇을 하든지 다 하나님의 영광을 위하여 하라 (고린도전서 10:31)

이제는 분별해야 합니다. 이를 위해 깊이 고민해야 합니다. 사울 왕의 아들 요나단을 떠올려 보십시오. 요나단은 사울의 아들로서 왕위 계승 1순위였습니다. 누가 보아도 그가 이스라엘의 왕이 되는 것이 당연해 보였습니다. 실제로 그는 왕이 될 만한 충분한 자질을 갖춘 인물이었습니다. 그는 용맹하면서도 겸손하였고, 무엇보다 하나님을 경외하는 사람이었습니다. 그의 성품은 아버지 사울과는 비교할 수 없을 만큼 훌륭했습니다. 그러나 요나단은 하나님께서 자신이 아닌 다윗을 왕으로 세우셨다는 사실을 분별했습니다. 그리고 그 뜻을 기꺼이 받아들였습니다. 인간적으로 생각하면 얼마나 억울했겠습니까? 도대체 무엇이 부족해서, 왕자인 자신이 아니라 목동 출신의 다윗이 왕이 되어야 한단 말입니까? 하지만 요나단은 자기 감정이나 이익, 자존심을 앞세우지 않았습니다. 그는 하나님의 뜻을 전적으로 수용하며, 그 뜻이 이루어지는 것을 기뻐했습니다. 그래서 그는 자신의 모든 것을 다윗에게 양보했습니다. 자신의 권리와 지위를 내려놓고, 오직 하나님의 뜻이 이루어지기를 바랬습니다. 요나단은 자신의 뜻보다 하나님의 뜻을 앞세웠고, 그분의 뜻에 자신의 뜻을 맞추는 분별의 삶을 살았습니다.

이것이 바로 하나님을 아는 자의 태도입니다. 우리도 요나단처럼 하나님의 뜻을 분별하고, 그 뜻 앞에 우리 욕망을 내려놓는 삶을 살아야 합니다. 나의 계획과 기대보다 하나님의 선하시고 기뻐하시고 온전하신 뜻이 앞서기를 간절히 바랍니다. 우리의 삶이 오직 하나님의 영광을 위하여 사용되기를 소망합니다.

2. 하나님의 선하신 뜻

그렇다면 우리가 깨달아야 할 "하나님의 선하시고 기뻐하시고 온전하신 뜻"은 무엇일까요? 이 질문에 대한 구체적인 답을 하나하나 다루는 일은 이 지면에서 모두 감당하기 어렵습니다. 하지만 분명한 것은, 우리는 하나님의 선하신 뜻을 분별해야 하며, 그분이 기뻐하시는 뜻을 깨달아야 하며, 온전하고 완전하신 하나님의 뜻을 아는 것이 중요하다는 사실입니다. 그러므로 우리는 그 뜻을 이해하고 분별하는 데 힘써야 합니다.

로마서 12장 2절에서 말하는 하나님의 뜻에 대해 조금 더 자세히 살펴보겠습니다. 가장 먼저, 우리가 분별해야 하는 하나님의 뜻은 "선하신 뜻"입니다. 하나님의 뜻은 선합니다. 왜냐하면 하나님 자신이 선하시기 때문입니다. 하나님의 본질은 거룩하고 의로우며, 그분의 모든 생각과 계획과 행동은 본질적으로 선합니다. 때때로 인간의 눈에 하나님의 뜻이 선하지 않게 보일 수 있습니다. 그러나 그것은 우리의 이해가 제한되어 있고, 우리의 판단이 불완전하기 때문입니다. 하나님의 뜻은 모두가 선하다는 사실을 우리는 인정해야 합니다.

그런즉 우리가 무슨 말을 하리요 하나님께 불의가 있느냐 그럴 수

없느니라 (로마서 9:14)

선과 악의 기준은 우리 안에 있지 않습니다. 우리는 우리 외부에 있는 어떤 객관적인 기준에 따라 선과 악을 판단합니다. 그러나 하나님은 그런 기준에 따라 판단 받는 분이 아닙니다. 하나님은 의로움과 선함 자체이시며, 스스로가 기준이 되십니다. 그러므로 하나님께서 하시는 모든 일은 선하며, 그 판단은 언제나 옳습니다. 우리는 인간적 기준으로 하나님을 판단할 수 없습니다. 하나님은 그분의 주권에 따라 자유롭게 일하시며, 그 모든 일에는 거룩하고 선한 목적이 있습니다.

반면, 우리 안에는 진정한 선이 없습니다. 그러므로 우리는 끊임없이 하나님의 뜻을 구하고, 그 뜻을 마음과 삶 속에 채워야 합니다. 이것이 그리스도인의 삶의 기준이 되어야 합니다.

얼마나 많은 이들이 자신의 욕망을 하나님의 뜻으로 포장하여 당위성을 주장하고 있습니까? 얼마나 자기중심적인 목적을 추구하고 있습니까? 하나님의 뜻이라는 이름으로 자신의 계획을 정당화하며, 하나님의 이름을 도구화하는 일이 얼마나 자주 반복되고 있습니까? 하나님은 이런 거짓에 속지 않으십니다. 이제는 모든 거짓을 내려놓고, 하나님의 참되신 뜻을 추구해야 할 때입니다. 그분의 선하신 뜻을 깊이 묵상하고, 우리 삶 속에서 실천하십시오. 우리는 하나님의 뜻이 나의 뜻을 이끌어가는 진정한 순종의 길로 나아가야 합니다.

3. 하나님이 기뻐하시는 뜻

우리가 분별해야 하는 하나님의 뜻은, 그분의 기쁨이 되는 뜻입니다. 하나님은 인격적인 분이십니다. 그러므로 그분에게도 분명한 선호가 존재합니다. 하나님은 어떤 것은 기뻐하시고, 어떤 것은 미워하십니다. 우리는 하나님의 기쁨이 무엇인지, 그분이 혐오하시는 것이 무엇인지를 분별할 수 있어야 합니다. 성경은 이런 하나님의 선호를 곳곳에서 보여줍니다. 예를 들면 다음과 같은 구절입니다.

악인의 제사는 여호와께서 미워하셔도 정직한 자의 기도는 그가 기뻐하시느니라 (잠언 15:8)

너의 하나님 여호와가 너의 가운데에 계시니 그는 구원을 베푸실 전능자이시라 그가 너로 말미암아 기쁨을 이기지 못하시며 너를 잠잠히 사랑하시며 너로 말미암아 즐거이 부르며 기뻐하시리라 하리라 (스바냐 3:17)

성경은 하나님이 무엇을 기뻐하시는지를 분명히 밝히고 있습니다. 세상의 사람들은 권력을 가진 자, 부유한 자의 기쁨을 살피며 그들의 환심을 사려 합니다. 기업 경영자들은 소비자의 만족을 얻기 위해 시장 조사를 하고, 선호를 분석하며 모든 노력을 기울입니다. 그렇다면 하나님의 백성은 무엇을 기준으로 살아가야 하겠습니까? 당연히, 하나님의 기쁨이 우리의 삶의 궁극적인 기준이 되어야 합니다. 구원받은 하나님의 백성은 이제 하나님의 부르심을 따라 그분의 기뻐하시는 뜻이 무엇인지 분별해야 합니다. 우리는 사람들의 기쁨을 위해서 사는 존재가 아닙니다. 가족과 친지, 혹은 친구나 동료의 만족을 위해 고민하고 있습니까? 우리에게는 그보다 중요한 일이 있습니다. 하나님의 기뻐하시는 뜻을 분별하는 것이 먼저입니다. 이것을 우리의 최우선순위로 삼고, 더욱 큰 노력을 기울여야 할 것입니다.

이제 내가 사람들에게 좋게 하랴 하나님께 좋게 하랴 사람들에게 기쁨을 구하랴 내가 지금까지 사람들의 기쁨을 구하였다면 그리스도의 종이 아니니라 (갈라디아서 1:10)

구원받은 그리스도인은 하나님을 사랑하는 사람입니다. 은혜로 구원받은 사람은 두려움과 억지로 하나님을 섬기지 않습니다. 십자가의 사랑을 깨달은 사람은 자연스럽게 그 사랑에 감격하며 하나님을 기뻐하고 사랑하게 됩니다. 사랑하는 사람의 특징이 무엇입니까? 사랑에 빠진 사람은 자연스럽게 상대가 좋아하는 것을 하고 싶어 합니다. 상대가 무엇을 좋아하는지를 세심히 살피고, 그 기쁨을 위해 수고를 아끼지 않습니다. 하나님의 자녀 역시 마찬가지입니다. 하나님을 사랑하는 자는 그분의 기쁨이 되기를 소망하고, 그분이 무엇을 기뻐하시는지를 날마다 묵상하며 분별하려 애씁니다. 이는 억지스러운 종교적 의무가 아니라, 하나님을 향한 사랑에서 흘러나오는 자연스러운 반응입니다. 단순히 허락되는 차선을 선택하려 하지 않고, 하나님이 가장 기뻐하실 최선의 길을 찾으려 합니다. 하나님이 원하시는 뜻에 자신의 뜻을 일치시키고, 하나님이 기뻐하시는 자리에 서기를 갈망합니다. 이것이 곧 하나님의 자녀가 살아가야 할 방향이며, 그러한 삶이야말로 하나님께서 기뻐 받으시는 산 제사입니다.

4. 하나님의 온전하신 뜻

또한 우리가 분별해야 하는 하나님의 뜻은 온전하신 뜻입니다. "온전한"이라는 말은 '완전한', '흠 없는', '모자람이 없는'이라는 의미를 담고 있습니다. 하나님의 뜻은 완전합니다. 그분의 계획과 일하심에는 실수가 없으며, 결코 부족함도 없습니다. 인간의 눈으로 볼 때는 미련해 보이고 때로는 이해되지 않을 수도 있지만, 하나님의 뜻은 언제나 선하고 완전하며 마침내는 하나님의 영광을 드러내는 방향으로 인도합니다.

하나님은 작고 연약하고 미련하고 완악한 이스라엘 백성을 선택하셨습니다. 이를 통해 그분의 사랑과 공의, 그리고 인내를 계시하셨습니다. 인간에게는 미련해 보이는 십자가의 희생을 통해서 하나님의 사랑과 희생을 드러내셨습니다. 언뜻 볼 때는 하나님의 뜻에 문제가 많은 것 같고, 이해되지 않은 부분이 있을지도 모릅니다. 그러나 하나님의 뜻은 완전합니다. 죄악과 수치의 상징이었던 십자가는 예수 그리스도께 도리어 영광이었습니다. 하나님이 행하시는 모든 일이 그러합니다. 연약한 자를 사용하시는 하나님의 방식은 가장 효율적이며, 미련한 방식의 전도는 하나님의 위대한 지혜입니다.

18 십자가의 도가 멸망하는 자들에게는 미련한 것이요 구원을 받는 우리에게는 하나님의 능력이라 19 기록된 바 내가 지혜 있는 자들의 지혜를 멸하고 총명한 자들의 총명을 폐하리라 하였으니 20 지혜 있는 자가 어디 있느냐 선비가 어디 있느냐 이 세대에 변론가가

어디 있느냐 하나님께서 이 세상의 지혜를 미련하게 하신 것이 아니냐 21 하나님의 지혜에 있어서는 이 세상이 자기 지혜로 하나님을 알지 못하므로 하나님께서 전도의 미련한 것으로 믿는 자들을 구원하시기를 기뻐하셨도다 22 유대인은 표적을 구하고 헬라인은 지혜를 찾으나 23 우리는 십자가에 못 박힌 그리스도를 전하니 유대인에게는 거리끼는 것이요 이방인에게는 미련한 것이로되 24 오직 부르심을 받은 자들에게는 유대인이나 헬라인이나 그리스도는 하나님의 능력이요 하나님의 지혜니라 25 하나님의 어리석음이 사람보다 지혜롭고 하나님의 약하심이 사람보다 강하니라 (고린도전서 1:18-25)

하나님의 방식은 세상이 추구하는 인간의 지혜와 계산, 효율성과는 다릅니다. 때로는 그분의 방식이 이해되지 않을 수도 있습니다. 그러나 우리의 이해와 상관없이 그분의 방식은 늘 완전합니다. 그러므로 하나님의 백성은 그 온전하신 뜻을 신뢰하며 따라야 합니다. 우리가 믿음으로 그 길을 걸어갈 때, 우리는 결국 그 뜻의 아름다움과 영광을 경험하게 될 것입니다. 하나님의 뜻에 순종하는 자는 그 온전하심을 맛보아 알게 될 것입니다. 그분의 뜻은 늘 온전하시며, 우리에게 은혜와 능력이 되십니다.

5. 하나님의 기뻐하시는 삶을 향하여

하나님의 뜻을 분별하는 것은 매우 중요합니다. 하지만 우리는 하나님의 뜻을 분별하는 데 게으르기 쉽습니다. 에베소서 5장 10절은 주를 기쁘시게 할 것이 무엇인가 시험하여 보라고 요구합니다.

주를 기쁘시게 할 것이 무엇인가 시험하여 보라 (에베소서 5:10)

"시험하다"는 말은 '살피고, 검토하고, 분별하다'는 의미입니다. 우리는 주님을 기쁘시게 할 삶이 무엇인지 깊이 고민해야 합니다. 이는 단지 감정이나 느낌에 의존하라는 뜻이 아닙니다. 우리는 성령의 조명 아래, 말씀을 기준 삼아 치열하게 고민하고 연구하고 분별해야 합니다. 동시에 우리의 악한 본성을 성령의 능력으로 제어해야 합니다. 이것이 하나님의 백성이 가져야 할 올바른 자세입니다.

그러므로 어리석은 자가 되지 말고 오직 주의 뜻이 무엇인가 이해하라 (에베소서 5:17)

우리는 구원받은 하나님의 백성입니다. 하나님의 백성은 곧 하나님을 사랑하는 사람들입니다. 사랑하는 대상의 뜻을 알고 싶어 하는 것은 지극히 당연합니다. 하나님의 뜻을 알고 싶어 하고, 그 뜻을 분별하고 이해하며, 그 뜻에 순종하고자 하는 삶이 바로 하나님을 사랑하는 삶입니다.

그러므로 이제 우리 모두는 그런 삶으로 나아가야 합니다. 하나님의 기뻐하시는 뜻이 무엇인지 분별하고, 그 뜻대로 살아갑시다. 단지 종교적인 형식이나 외적인 행위가 아니라, 하나님을 진정으로 기쁘시게 하는 내면의 변화, 삶의 변화, 태도의 변화가 있어야 합니다. 그렇게 살아갈 때, 우리는 구원받은 백성으로서 마땅한 삶을 살아가게 될 것입니다. 동시에 그분의 뜻 안에서 더 깊은 은혜와 기쁨을 누리게 될 것입니다.

에필로그

"구원받은 이후, 신자는 어떻게 살아야 하는가?"

얼핏 보면 자연스러운 질문입니다. 하지만, 프롤로그에서 밝힌 바대로 균형 잡힌 구원의 이해에 비추어 본다면 다소 잘못된 부분이 있습니다. 마치 구원과 삶이 분리된 것처럼 보이기 때문입니다. 우리는 오히려 이렇게 질문해야 합니다.

"구원받은 신자의 합당한 삶은 무엇인가?"

성경은 이 질문에 대한 해답을 분명히 제시합니다. 특별히 로마서 12장 1~2절에서 우리는 그 답을 발견할 수 있습니다. 이 두 절은 구원받은 신자가 어떤 방향과 태도로 살아야 하는지를 압축적으로 보여주는 구절입니다. 곧, 자기 몸을 하나님이 기뻐하시는 거룩한 산 제물로 드리는 삶, 그리고 세상의 가치관을 따르지 않고 마음을 새롭게 함으로 하나님의 뜻을 분별하는 삶입니다. 그러나 이것이 전부는 아닙니다. 이 두 절은 후반부에 전개될 구체적이고 실제적인 삶의 지침들을 여는 문과도 같습니다. 로마서 12장부터 16장까지는 구원받은 성도가 개인, 공동체, 사회 속에서 어떻게 살아가야 하는지를 상세히 풀어냅니다. 이 책에서는 지면과 시간의 한계로 인해 그 전체를 다루지 못했습니다. 그 부분은 독자 여러분이 직접 로마서의 후반부를 깊이 묵상하며, 말씀을 삶에 구체적으로 적용해 나가기를 바랍니다.

구원은 결코 이론에만 머물러서는 안 됩니다. 로마서는 교리와 삶의 유기적 통합을 우리에게 제시합니다. 교리에 대한 지식은 단지 머리로만 아는 정보가 아니라, 가슴을 감격하게 하고 삶을 변화시키는 능력입니다. 진리로부터 감격이 나오고, 감격은 기쁨과 헌신을 낳으며, 헌신은 거룩한 열매로 이어져야 합니다. 이 모든 흐름이 복음의 삶 속에 뿌리내릴 때 맺히게 되는 자연스러운 열매입니다.

우리는 구원받은 성도로서 삶 전체를 하나님이 기뻐하시는 거룩하고 구별된 '산 제물'로 드려야 합니다. 이는 단순한 결단이나 감정이 아니라, 세상과 구별된 가치관을 품고, 하나님의 뜻을 날마다 분별하며 살아가는 지속적 헌신을 의미합니다. 이처럼 거룩한 제물을 하나님께서는 얼마나 기쁘게 받으실까요?

이 모든 삶의 방향과 목적은 로마서 11장 36절에 선포된 진리에서 비롯된다고 믿습니다.

> 이는 만물이 주에게서 나오고, 주로 말미암고, 주에게로 돌아감이라. 그에게 영광이 세세에 있을지어다. 아멘.

이 한 구절은 매우 단순하지만 명확한 진리입니다. 이는 곧 구원받은 신자의 삶의 이유이며 목적입니다. 우리의 존재, 우리의 시간, 우리의 모든 수고와 헌신의 최종적 귀결점이 결국 하나님의 영광에 있기 때문입니다.

구원은 우리 자신을 위한 것이 아니라, 우리를 통해 하나님께서 영광 받으시기 위한 은혜의 부르심입니다. 그러므로 사랑하는 독자 여러분, 이제 이 책의 마지막 페이지를 덮으며 간절히 권면합니다. 우리의 삶 전체가 하나님께 드려지는 영적 예배의 여정이 되기를 소망합니다. 우리의 매일의 결단, 사랑의 섬김, 고난 속의 인내, 진리 위의 믿음이 모두 하나님의 영광을 드러내는 통로가 되기를 간절히 기도합니다.

온 세상의 주인이신 여호와 하나님께, 우리 삶 전체가 산 제물 되어, 거룩하고 아름다운 찬양이 되기를 축복합니다. 그리고 이 구원의 감격과 헌신의 삶이 여러분의 가정과 교회, 일터와 공동체에 날마다 살아 있는 간증이 되기를 소망합니다.

구원, 그 이후

초판 1쇄 발행 2025년 12월 28일
지은이 이승우
펴낸이 민상기
편집장 이숙희
펴낸곳 도서출판 드림북
인쇄소 예림인쇄 **제책** 예림바운딩
총판 하늘유통

·**등록번호** 제 65 호 **등록일자** 2002. 11. 25.
·경기도 양주시 광적면 부흥로 847 경기벤처센터 220호
·Tel (031)829-7722, Fax(031)829-7723